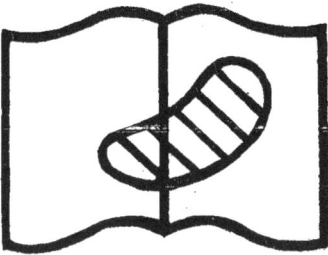

Illisibilité partielle

Début d'une série de documents
en couleur

VALABLE POUR TOUT OU PARTIE DU
DOCUMENT REPRODUIT

— 20 CENTIMES — PAR QUINZAINE

BIBLIOTHÈQUE DU DIMANCHE

ÉMILE RICHEBOURG

UNE MADELEINE

E. LEHMANN

LIBRAIRE-COMMISSIONNAIRE

7, RUE DU CROISSANT, 7

PARIS

20 **CENTIMES** le volume envoyé par poste dans toute la France. (Port entièrement gratuit.)

ABONNEMENTS : 1 an, 10 fr. — 6 mois, 5 fr. 15. — 3 mois, 2 fr. 60.

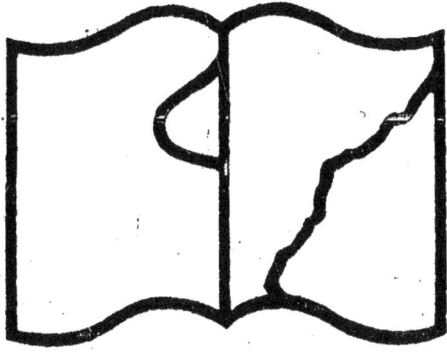

Texte détérioré — reliure défectueuse

NF Z 43-120-11

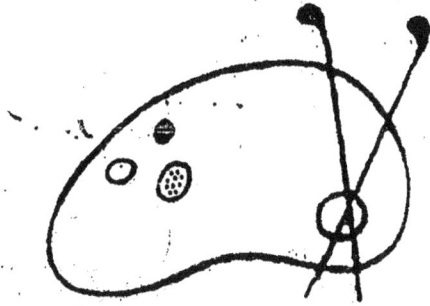

Fin d'une série de documents
en couleur

UNE MADELEINE

BIBLIOTHÈQUE DU DIMANCHE

UNE MADELEINE

PAR

ÉMILE RICHEBOURG

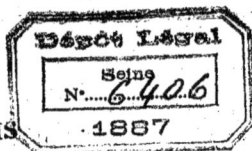

PARIS 1887

N. BLANPAIN DIRECTEUR

UNE MADELEINE

I

Un soir, vers le milieu du mois de
mars, une heure avant la nuit, un
jeune homme, âgé de vingt-quatre à
vingt-cinq ans, descendait la rue du
Temple d'un pas rapide et léger. A le
voir, les deux mains dans les poches
de son large paletot et la tête légèrement inclinée sur sa poitrine, on aurait deviné qu'une pensée sérieuse
l'occupait entièrement. Sa figure, sans
être régulièrement belle, avait une
expression de douceur, une distinction
qui prévenaient en sa faveur au pre-
mier coup d'œil. Dans le regard et

dans le sourire, il y avait de la fierté ;
mais elle était tempérée et disparais-
sait souvent quand une pensée heureuse éclairait la physionomie ; alors
le regard devenait caressant et le sourire mélancolique.

Le jeune homme quitta la rue du
Temple, et après avoir fait quelques
pas dans la rue Simon-le-Franc, il
s'enfonça dans une allée sombre et
étroite et monta lestement cinq éta-
ges.

Une porte s'ouvrit devant lui.

— Bonsoir, madame Chastel, dit-il
en entrant.

— Ah ! c'est vous, Marcelin, répondit une femme déjà âgée. Bonsoir,
mon garçon.

Le jeune homme prit une chaise et
s'assit.

— Quelle heure est-il donc, Marcelin ?
Il me semble que vous venez nous voir
de bonne heure aujourd'hui.

— C'est vrai, madame Chastel ; c'est
que.....

— Vous avez quelque chose à me
dire ?

— Oui, je suis venu pour causer un peu avec vous.

— Eh bien, mon garçon, causons.

Le jeune homme avait préparé, en venant, ce qu'il voulait dire à madame Chastel ; mais la conversation, comme cela arrive toujours, avait commencé autrement qu'il ne s'y attendait. Forcé de s'expliquer, les paroles lui manquèrent, il se troubla et balbutia quelques mots inintelligibles. Au bout de quelques minutes, il reprit, cependant, la suite de ses idées.

— Vous avez besoin de vous reposer, madame Chastel, dit-il ; vous ne devriez plus travailler autant.

— Mes parents ont oublié de me laisser des rentes, répondit la bonne femme en souriant, il faut bien que je travaille si je veux vivre. Ce n'est pas avec ce que gagne Pauline, — quarante sous par jour, — que nous pouvons nous entretenir toutes deux. L'enfant est un peu coquette, c'est de son âge ; et moi je deviens vieille, j'ai besoin de quelques douceurs.

— Vous avez raison, mais il y aurait

un moyen de vous procurer un peu de bien-être.

— Mon cher Marcelin, j'ai toujours cherché ce moyen et je suis encore à le trouver.

— Vous pourriez, par exemple, reprit le jeune homme, marier Pauline à un bon ouvrier, gagnant de fortes journées.

La vieille mère regarda Marcelin comme pour savoir où il voulait en venir.

— Eh bien ! dit-elle.

— Tenez, madame Chastel, dit le jeune homme avec un tremblement dans la voix, ce n'est pas d'aujourd'hui que vous me connaissez. Depuis longtemps j'aime Pauline ; voulez-vous me la donner pour femme ?

Un sourire de satisfaction glissa sur les lèvres de la vieille femme.

— De tout mon cœur, dit-elle en tendant sa main au jeune homme. Si j'eusse déjà songé à marier ma Pauline, j'aurais certainement désiré trouver un mari qui vous ressemblât, Marcelin. Mais ma fille sait-elle ?....

— Pauline m'a permis de venir vous parler à ce sujet.

— Très-bien, mon garçon. Ma fille n'est pas riche, elle n'a que ses doigts, mais en travaillant et avec de l'économie, vous pourrez être heureux.

— Vous savez que je n'ai pas peur du travail.

— Maintenant, avant de penser au mariage, il vous faut des avances. Dans un nouveau ménage, on a besoin de mille choses.

— Dans trois ou quatre mois, j'espère avoir une somme assez ronde et qui ne devra rien à personne. Je gagne quatre et cinq francs par jour, et voilà deux mois déjà que je laisse chaque semaine une petite somme entre les mains de M. Fournier, mon patron. Je lui ai parlé de mon projet de mariage; il me remettra le tout dès que j'en aurai besoin.

— A la bonne heure, dit madame Chastel. Enfin, je ne mourrai pas sans voir ma fille heureuse et mariée à un brave et honnête garçon.

La digne femme avait de grosses larmes dans les yeux. Elle regardait le jeune homme avec admiration, avec bonheur.

En ce moment, on entendit un pas léger dans l'escalier.

— La voici, dit madame Chastel, comme répondant à une de ses pensées.

C'était, en effet, la jeune fille. La porte s'ouvrit doucement, et elle entra.

Mlle Pauline Chastel touchait à sa dix-huitième année. Sa taille moyenne était admirablement prise dans toutes ses proportions. De beaux cheveux, d'un blond cendré, encadraient son visage gracieux, d'un ovale parfait, où s'épanouissaient les fraîches couleurs de la santé. Son sourire malin, son regard provocateur et son nez aux narines mobiles, légèrement relevé, indiquaient à la fois une nature frivole et passionnée.

Pauline était belle; elle ne l'ignorait pas et aimait à le faire remarquer.

En entrant, elle donna un sourire à Marcelin et vint embrasser sa mère.

— J'ai oublié le dîner, dit madame Chastel en se levant, c'est un peu la

faute de Marcelin ; mais il sera bientôt
prêt. Vous passerez la soirée avec
nous, ajouta-t-elle en s'adressant au
jeune homme.

— Si vous le permettez, je le veux
bien, répondit Marcelin en rougissant
de plaisir.

Pauline s'était placée devant la fenêtre : il alla s'asseoir près d'elle.

— Ma chère Pauline, je suis bien
heureux, lui dit-il.

— Ma mère consent ?...

— A tout. Dans quatre mois, au
plus tard, nous serons mariés.

Il prit la main de la jeune fille et la
pressa doucement dans les siennes.

—Comme je vous aime, ma Pauline !
dit-il ; comme je me sens heureux près
de vous ! Je suis comme transporté
dans un monde où tout est riant et
joyeux.

La jeune fille répondit par un sourire.

Ils restèrent pendant un quart d'heure en face l'un de l'autre, les mains en-
lacées sans se parler ; ils se souriaient
en se regardant.

La mère vint les enlever à leurs doux
rêves en leur disant de se mettre à
table.

Il était onze heures lorsque Marcelin
quitta Pauline et sa mère. En rentrant
dans sa petite chambre de garçon, il
fredonnait l'air le plus gai de son ré-
pertoire. Cela lui arrivait si rarement
que ses voisins étonnés se dirent :

« Marcelin est bien joyeux aujour-
d'hui; aurait-il trouvé un trésor dans
la rue ? »

Quant à Pauline, elle se coucha ce
soir-là en pensant à son prochain mariage, à la montre d'or que lui donne-
rait Marcelin, et à la forme qu'elle
choisirait pour sa robe de mariée.

Pauline travaillait rue Saint-Denis,
dans un atelier de fleuristes ; elle était
une des meilleures ouvrières de la
maison. Dès l'âge de quinze ans, elle
soutenait déjà sa mère par son travail.
Elle était ignorante de tous les plaisirs
que se donnaient souvent ses jeunes
compagnes d'atelier. Sa mère, en femme qui connaît le bien et le mal des
relations parisiennes, avait su, jusqu'à

ce jour, la conserver dans l'ignorance de bien des choses.

Pauline n'était jamais entrée dans un bal public; elle avait cependant plus d'une fois manifesté le désir d'y accompagner ses amies; mais sa mère lui avait toujours refusé ce plaisir dangereux. De loin en loin, la mère et la fille allaient ensemble à la Gaîté ou à l'Ambigu-Comique.

Elles ne se permettaient pas d'autres distractions.

Pauline n'avait guère que dix ans lorsqu'elle fit la connaissance de Marcelin; ils habitaient alors la même maison. Le jeune homme, ayant toujours été bien accueilli par madame Chastel, venait de temps en temps, le dimanche, lui faire une visite. Chaque fois, il rencontrait Pauline, et il avait le bonheur de lui offrir le bras lorsqu'elle sortait avec sa mère, pour faire une promenade sur les boulevards ou hors barrière.

Marcelin, attiré par Pauline qui, de jour en jour, paraissait plus charmante à ses yeux, mit chaque fois moins de

temps entre ses visites. Bientôt il aima sérieusement la jeune fille et un
jour il se décida à le lui dire.

Pauline fut flattée de se savoir aimée de Marcelin. Il ne lui déplaisait
pas; elle éprouvait un certain plaisir
à causer avec lui; elle prit cela pour de
l'amour; elle lui répondit donc qu'elle
serait heureuse d'être sa femme et
qu'il pouvait la demander à sa mère.

Ce fut quelques jours après que Marcelin, comme nous l'avons vu, vint
trouver madame Chastel, une heure
avant la sortie de Pauline de son atelier.

II

Un mois s'était passé.

Pour Pauline, il avait eu la lon-
gueur des autres.

Mais, Marcelin, impatient de voir
arriver l'époque de son mariage, avait
compté les jours, et ce mois lui avait
paru long comme un siècle.

Il venait chaque jour rue Simon-le-Franc, et passait presque toutes ses soirées entre madame Chartel et sa fille.

Un soir, Pauline, après sa journée, revenait chez sa mère; elle traversait la rue Saint-Martin lorsqu'elle entendit une voix qui l'appelait.

Elle se retourna vivement.

Une jeune femme très-élégante était devant elle.

— Comme tu passes fière, Pauline! Tu ne reconnais donc plus tes anciennes amies? dit la belle dame.

— Laure! s'écria la jeune fille. Comment, c'est toi.... c'est *vous?* ajouta-t-elle en se reprenant.

— Dis-moi *toi*, absolument comme autrefois.

— Comme te voilà belle! dit Pauline en admirant le joli chapeau et la magnifique robe de soie de son ancienne amie.

— Depuis que j'ai quitté l'état de fleuriste, ma fortune a changé, ma chère; je suis devenue riche.

— Tu dois être bien heureuse?

— On ne saurait l'être davantage.
Mais, dis-moi, tu fais toujours des
fleurs?

— Oui, toujours. Il faut bien
travailler.

— Au fait, tu as raison; je te fais là
une question ridicule. Voyons, viens
donc me voir un de ces jours, demain,
par exemple, à midi, je serai chez moi,
nous causerons.

— Je n'ai guère le temps, tu le sais.

— Ah! bah! une fois n'est pas cou-
tume. Je t'attendrai demain. Voici
mon adresse: « Mademoiselle Laure,
24, rue Bergère. » C'est entendu, tu
viendras?

— Oui.

— A demain donc, à midi. N'oublie
pas.

En rentrant chez sa mère, Pauline
n'était pas encore revenue de l'étonne-
ment que lui avait causé le changement survenu dans la position de
Laure, son ancienne compagne dans
la maison où elle travaillait.

Le lendemain, sous le prétexte d'aller faire une commission pour sa mère

Pauline demanda à s'absenter de l'a-
telier et se rendit rue Bergère.

Laure occupait au troisième étage
un vaste appartement. Une femme
de chambre introduisit Pauline dans
le salon et la quitta aussitôt pour aller
prévenir sa maîtresse.

La jeune fille fut éblouie par le luxe
qui l'entourait. Ses pieds foulaient un
moelleux tapis d'Aubusson, les meubles étaient en bois de rose, recouverts
de damas de soie d'une grande finesse.
La cheminée était ornée de deux
beaux candélabres en argent doré et
d'une magnifique pendule en marbre
blanc ciselé, chef-d'œuvre de l'art mo-
derne.

Pauline se sentit honteuse en se
voyant si modestement vêtue au milieu de toutes ces richesses, dont elle
n'avait jamais soupçonné l'existence.
Elle restait debout, n'osant ni marcher
sur le tapis, ni s'asseoir sur un des su-
perbes fauteuils rangés autour du
salon.

Laure entra. Sa toilette du matin
était ravissante.

En la voyant si belle et si heureuse,
Pauline l'envia.

— A la bonne heure, tu es de parole,
lui dit Laure, en la faisant asseoir à
côté d'elle, sur le canapé.

Les deux amies se regardèrent en
face.

Sur la physionomie de Pauline se
peignaient, tour à tour, la surprise, la
curiosité et l'admiration.

Le regard de Laure était superbe et
protecteur. Elle trouvait la satisfaction de son amour-propre et de sa vanité à étaler pompeusement son luxe
devant la fille du peuple, dont elle
avait autrefois partagé le travail et la
pauvreté.

— Comme tout cela est beau ! dit
Pauline en regardant autour d'elle.

— C'est de bon goût, n'est-ce pas !
reprit Laure en souriant.

— Ces meubles doivent valoir beaucoup d'argent.

— Mais, oui. J'ai payé cette table
mille francs, la garniture de la cheminée m'en a coûté quinze mille.

— Il faut que tu sois bien riche pour posséder tant de belles choses.

— Tu ne vois rien, ma chère; tout à l'heure je te montrerai des choses bien plus riches encore.

— Tu as fait un héritage ?

— Non.

Pauline fit un mouvement de surprise

— Comment donc as-tu tout cela?

Laure se pencha à l'oreille de Pauline et lui glissa ces mots :

— Je suis aimée d'un homme qui me le donne.

Pauline pensa à Marcelin et un sourire singulier passa sur ses lèvres.

— Viens, lui dit Laure en se levant et en lui prenant la main.

Elles passèrent dans la chambre à coucher.

C'était un nid d'amour, parfumé, frais et coquet.

Tout y était luxueux et d'un goût délicieux.

Laure montra sa garde-robe à Pauline : ses cachemires de l'Inde, ses robes de soie et de velours, ses chapeaux

frais et coquets et ses riches dentelles.
Elle lui fit voir ensuite ses bijoux, en
se faisant un plaisir de détailler lon-
guement le prix et les différents usa-
ges de chaque objet.

La pauvre Pauline s'extasiait et jetait des cris d'admiration.

— Maintenant que tu as à peu près
tout vu, dit Laure, nous allons déjeu-
ner ensemble.

— Merci, j'ai déjeuné, dit Pauline.

— Tu recommenceras.

— Il faut que je rentre à l'atelier.

— Quand tu resterais une demi-
heure de plus, ce n'est pas une affaire.
Et puis, nous ne nous voyons pas si
souvent. Allons, viens.

Pauline n'eut pas la force de résister ;
elle accepta ; elle resta une heure
encore avec Laure. Enfin, elle se leva
pour partir.

— Tu ne veux pas rester plus longtemps ? dit Laure.

— Oh! non, je suis déjà en retard
et je serai grondée.

— Ma chère Pauline, reprit Laure,

tu es trop jolie pour faire des fleurs toujours. Si tu le voulais, tu serais riche.

La jeune fille regarda son amie avec surprise et ne répondit pas.

— Tu reviendras me voir quelquefois? ajouta Laure.

— Je ne sais pas, répondit Pauline, je tâcherai......

— Je vais avoir un équipage, je te promènerai en voiture.

Lorsque Pauline se retrouva dans la rue, trois heures sonnaient. Elle s'arrêta, indécise, se demandant si elle rentrerait à l'atelier. Elle craignait les reproches que pouvait lui attirer son absence prolongée; elle se sentait, d'ailleurs, mal disposée pour se remettre au travail. Pour la première fois de sa vie, elle souhaita d'être libre afin de pouvoir agir selon son caprice.

Après un instant de réflexion, elle se mit à marcher sur le boulevard en s'éloignant de la rue Saint-Denis; elle s'arrêtait, curieuse, devant les boutiques où toutes les richesses de la mode étaient étalées; elle regardait passer

de belles dames au bras d'élégants
cavaliers; elle admirait les riches
toilettes, les manières distinguées des
femmes ; elle enviait jusqu'à leur
sourire.

La pauvre enfant ! elle croyait que
la fortune seule peut donner le bonheur. Elle ignorait qu'il existât cer-
taines plaies, toujours saignantes au
cœur, et que la femme la plus enviée
dans le monde, est souvent aussi la
plus à plaindre.

Elle pensa à Laure, et fit de nouveau l'inventaire de tout ce qu'elle
avait vu chez elle ; mais elle ne songea pas à examiner si tout le luxe de
son ancienne amie n'était pas trop
chèrement acheté. Elle se rappela
aussi les dernières paroles que Laure
lui avait dites :

« Tu es trop jolie pour faire des
fleurs toujours. Si tu le voulais, tu
serais riche. »

Chaque mot restait gravé dans sa
pensée, et elle n'était déjà plus assez
naïve pour ne pas comprendre le sens
horrible de ces paroles, qui faisaient

naître en elle un trouble dont elle ne
se rendait pas compte. Elle aurait
voulu les oublier ; mais le démon de
l'envie et des passions mauvaises
avait déjà semé dans son cœur ses
funestes poisons. Elle s'imaginait
qu'elle n'était plus Pauline, la pauvre
ouvrière fleuriste. Elle se voyait passer belle, riche, admirée et heureuse.
Elle avait envié Laure; ses jeunes
amies, à leur tour, l'enviaient aussi...
Alors elle souriait à son fantôme.

Mais, revenant bientôt à la réalité,
elle tressaillit et jeta autour d'elle un
regard inquiet. Le jour baissait ; le
gaz commençait à éclairer les maga-
sins.

Lorsque Pauline rentra chez sa
mère, il était nuit.

Elle fut distraite et rêveuse toute
la soirée ; c'est à peine si elle répondit par monosyllabes aux paroles
tendres et passionnées que lui adressa
Marcelin.

Le jeune homme, pensant qu'elle
pouvait avoir besoin de se reposer,
la quitta de bonne heure.

En rentrant chez lui, il oublia de
fredonner son air favori. Il était triste.
L'air préoccupé de Pauline l'inquié-
tait.

III

C'était un dimanche matin. Pauline
avait ouvert la fenêtre de sa petite
chambre ; elle s'y tenait appuyée,
pensive. Ses jolis doigts roses
jouaient machinalement avec les
fleurs rouges et pendantes d'un fuch-
sia. L'haleine tiède du printemps
caressait son visage. Elle suivait tristement du regard les nombreux pro-
meneurs, qui se croisaient sur les
trottoirs, attirés hors des logements
humides et sombres par les premiers
beaux jours.

La journée était belle ; les oiseaux,
dans leurs cages accrochées aux fe-
nêtres, envoyaient gaiement leur
chanson au soleil, dont les rayons,
aux reflets dorés, couronnaient la
ville tout entière.

— Eh bien, Pauline, lui dit sa mère, à quoi penses-tu ?

La jeune fille sortit du rêve dans lequel elle était plongée, et quitta la fenêtre.

— Il est temps de s'habiller, ma fille, continua madame Chastel ; tu sais que Marcelin doit venir nous prendre à midi pour nous conduire au bois de Boulogne. Le pauvre garçon fait tout ce qu'il peut pour tâcher de te distraire, et tu restes toujours triste... Tu ne sais même plus trouver une parole gentille pour le remercier.

Pauline baissa les yeux. Elle comprenait combien le reproche de sa mère était juste.

— Quand je me rappelle ta gaieté d'autrefois, qui a disparu tout à coup, je ne sais plus que penser, continua madame Chastel. D'où cela peut-il venir?... Depuis quinze jours, tu es sombre, maussade ; on dirait que tu es ennuyée de la vie. Tu ne me dis plus ces jolies choses qui me rendaient si heureuse, et j'ai peur, oui, j'ai peur que tu ne m'aimes plus autant.

La jeune fille s'approcha de sa mère pour l'embrasser, mais elle n'osa pas le faire. Elle s'arrêta devant elle et s'efforça de lui sourire.

Madame Chastel la prit dans ses bras et la serra sur son cœur avec amour.

— Oh! tu m'aimes encore, ma Pauline! s'écria-t-elle; n'est-ce pas que tu m'aimes, que tu m'aimeras toujours?

Une larme, presque aussitôt séchée, roula sous la paupière de Pauline. Elle donna un froid baiser à sa mère, et s'éloigna tremblante et confuse.

Déjà, elle ne se sentait plus digne de l'amour maternel.

Elle se mit à sa toilette.

En plaçant sur sa tête son petit bonnet de mousseline orné de rubans bleus et de fraîches dentelles, elle ne put s'empêcher de soupirer, car elle pensait aux chapeaux élégants de Laure. Elle eut un mouvement d'humeur contre son miroir, qui ne la rendait pas belle à son gré. Son bonnet! elle l'aimait, autrefois, elle le trouvait gracieux, coquet... il allait si bien à sa figure!... Aujourd'hui, il lui déplaît ; c'est un chapeau qu'elle désire, un chapeau qu'il lui faut, un chapeau couvert de plumes d'autruche ou garni de guirlandes de fleurs.

Elle achevait de s'habiller lorsque Marcelin arriva. Il la trouva plus charmante que jamais. Elle était si bien avec sa robe d'indienne à raies bleues et son petit mantelet de soie noire! Il lui fit des compliments sur sa toilette si simple et en même temps si gracieuse.

Pauline laissa échapper un sourire mêlé d'amertume et de dédain.

Ils partirent.

Le bois de Boulogne avait pris, ce jour-là, un air de fête. Ses larges allées, ordinairement solitaires, étaient vivantes, animées. Les chevaux des cavaliers couraient enveloppés d'un nuage de poussière ; les équipages, aux riches armoiries, passaient, se croisaient.

Pauline voyait, regardait tout. De

temps à autre, elle souriait ; mais son
sourire semblait dire aux femmes
mollement étendues sur les coussins
des voitures : « Vous êtes bien belles
et bien fières dans vos calèches ; eh
bien! moi, qui ne suis rien, demain, si
je le veux, je serai riche et admirée
comme vous ! »

Marcelin faisait de vains efforts
pour attirer sur lui l'attention de la
jeune fille, elle semblait ne pas entendre ses paroles. Elle marchait à
côté de lui, son bras passé sous le
sien ; mais sa pensée voyageait bien
loin, emportée par le rêve, dans le
monde des plaisirs.

Deux amazones passèrent, elles
étaient accompagnées de deux élégants cavaliers. Comme elles paru-
rent belles et heureuses aux yeux de
Pauline, dans leur charmant costume,
la cravache d'une main, et caressant
de l'autre la longue crinière de leur
cheval !... Elles avaient disparu depuis longtemps que Pauline les voyait
encore.

Tout à coup, le sable de la route se

souleva sous les sabots légers de
deux beaux chevaux bai-cerise attelés
à une calèche.

Une jeune femme et un homme d'un
âge mûr l'occupaient.

En passant devant Pauline, la jeune
femme étendit la main et agita un
mouchoir blanc en inclinant sa tête
rieuse du côté de la jeune fille.

— Laure! murmura Pauline d'une
voix étranglée.

La voiture était déjà loin.

— Cette dame vous a saluée, dit
Marcelin; est-ce que vous la connaissez?

— Oui. C'est une cliente de la maison où je travaille; je suis allée plusieurs fois lui porter des fleurs.

— Vous êtes pâle, Pauline; seriez-
vous malade?

— Je me sens mal à l'aise, répondit-elle.

Cette fois, elle ne mentait pas.

— Alors, n'allons pas plus loin,
cela vous fatiguerait.

Ils revinrent sur leurs pas et ren-
trèrent à Paris.

Quelques jours après, Pauline reçut une lettre ; c'était une invitation pressante, pour le lendemain, à un dîner et à une soirée chez mademoiselle Laure.

Elle eut un instant la pensée d'écrire à son amie qu'elle ne pouvait accepter, mais elle ne le fit pas. Le soir, elle annonça à sa mère qu'elle rentrerait le lendemain plus tard qu'à l'ordinaire, parce que, dit-elle, la mère d'une de ses amies de l'atelier l'avait invitée à dîner.

— C'est bien, dit madame Chastel ; je ne m'inquiéterai pas de ton absence. Mais tâche de revenir de bonne heure.

A l'heure indiquée dans la lettre de Laure, Pauline arriva rue Bergère.

Une société nombreuse se trouvait déjà réunie dans le salon de l'ancienne fleuriste.

On causait, on riait bruyamment.

Pauline fut d'abord déconcertée au milieu de ce monde qu'elle n'avait jamais vu qu'à travers un prisme ; mais les éloges flatteurs que les hom-

mes lui adressèrent sur sa beauté, et
les chatteries des femmes l'eurent bien
vite mise à l'aise; sa timidité disparut,
et au bout d'une heure, elle se sentit
aussi tranquille, aussi peu embar-
rassée dans le salon de Laure, sous
l'éclat des bougies, que dans son
atelier, parmi les fleurs.

Lorsqu'on se mit à table, Laure lui
dit à l'oreille:

— Ton voisin de gauche, ce gros
monsieur qui porte des lunettes à
branches d'or, est un banquier retiré
des affaires: il est trois ou quatre fois
millionnaire. Il vient de me dire que
tu lui plaisais beaucoup.

On mangea, on but énormément,
on rit, on chanta.

Pauline fit comme tout le monde:
elle mangea, but, rit, chanta, s'étour-
dit et se grisa.

Après le dîner, Laure prit son bras
et l'emmena dans sa chambre.

— Eh bien! ma chère Pauline, dit-
elle, j'espère que tu ne t'es pas ennuyée.

— Oh ! non, répnodit la jeune fille.

— Nos amis sont très-gais.

— C'est vrai.

— Et notre gros millionnaire, comment le trouves-tu ?

— Assez drôle.

— Voilà tout ?

— Et un peu vieux.

— Vieux, c'est la moindre des choses. Te plaît-il ?

— Pas trop.

— Alors il te convient ?

— Pourquoi me fais-tu ces questions ?

— Pourquoi ? tu ne comprends donc pas que le millionnaire est amoureux de toi !

— Amoureux de moi ! mais il m'a vue ce soir pour la première fois !

— Qu'importe ! s'il t'aime autant et plus que s'il te connaissait depuis longtemps.

Pauline garda le silence.

— L'occasion est belle, reprit Laure.

Pauline regarda fixement son amie.

— La fortune vient à toi ; crois-moi, ne la laisse pas échapper.

— Que me dis-tu donc ? s'écria Pauline, dont les oreilles bourdonnaient

— Tu me comprends très-bien.

Pauline devint rouge comme un coquelicot.

— Si tu veux être riche, tu n'as qu'à dire un mot, continua Laure.

— Un mot, répéta Pauline.

— Parle, et tu auras comme moi un bel appartement, des robes, des diamants...

Les yeux de la jeune fille brillèrent de convoitise. Elle cherchait vainement à échapper au danger qui la menaçait. Hélas ! ce qui restait de bons sentiments en elle reculait devant la tentation.

— Tu n'auras plus besoin de travailler, reprit Laure, et si tu fais encore des fleurs quelquefois, ce sera pour ton agrément.

Pauline avait laissé tomber sa tête sur sa poitrine ; à moitié vaincue, elle croyait pouvoir résister encore.

— Quelle sotte fille ! murmura Laure avec un mouvement de dépit.

Et elle continua d'un ton railleur :

— Tu préfères peut-être te promener à pied au bois de Boulogne, comme l'autre jour, au lieu d'avoir des chevaux et une voiture à tes ordres.

Pauline jeta autour d'elle un regard troublé. Elle ressentit une sorte de commotion étrange. Une sueur froide baignait son front.

— Eh bien ! fit la tentatrice en voyant que la jeune fille était sur le point de céder, veux-tu ?.......

— Je ferai tout ce que tu voudras ! s'écria Pauline, dont la raison était complétement égarée.

Laure la prit dans ses bras et l'embrassa à plusieurs reprises. Elle venait de faire la conquête d'une victime de plus.

IV

— Il est minuit, et elle n'arrive pas ! s'écria madame Chastel en regardant avec inquiétude Marcelin, assis tristement près d'elle.

— Elle aura été retenue malgré elle ;
il faut vous tranquilliser, elle va venir,
sans doute.

— Aussi, pourquoi ai-je oublié de
lui demander la rue et le numéro de
la maison où elle est allée ; vous
auriez été au-devant d'elle, Marcelin.

— Si j'avais su où la trouver, il y a
longtemps que je serais parti.

— S'il lui était arrivé un accident !
dit la mère effrayée ; si une voiture l'a-
vait renversée, tuée, peut-être !... Oh
mon Dieu ! mon Dieu ! ma pauvre enfant !.....

— Vous avez tort de vous alarmer
à ce point, madame Chastel, Pauline
est habituée à marcher seule dans les
rues, et elle est assez prudente pour
se garer des chevaux et des voitures.

Le jeune homme cherchait à calmer
les inquiétudes de la pauvre femme,
tout en les partageant lui-même.

— Mais vous voyez bien qu'elle ne
vient pas, reprit-elle d'une voix tremblante. Oh ! je ne puis rester plus longtemps dans cette incertitude, je souffre
trop ; j'ai peur pour ma fille !

— Si j'allais jusqu'à son magasin, dit Marcelin, on me dirait peut-être...

— Oui, courez-y, mon garçon. Pourquoi n'y avons-nous pas songé plus tôt?

Marcelin s'élança dans l'escalier et courut jusqu'à la rue Saint-Denis. Le maître était déjà couché; il se leva; mais il ne put rien apprendre au jeune homme. Pauline était sortie à l'heure ordinaire sans dire où elle allait.

Marcelin revint tristement rue Simon-le-Franc; il espérait cependant que la jeune fille serait rentrée pendant son absence; mais son espoir fut bientôt détruit : il retrouva madame Chastel seule.

— Eh bien! lui dit-elle avec anxiété.

— Je n'ai rien appris, on ne sait rien.

La pauvre mère se mit à pleurer.

Ils attendirent encore pendant deux heures.

— Elle ne viendra plus maintenant, dit madame Chastel.

— On n'aura pas voulu la laisser venir seule, la nuit, et elle sera restée chez son amie, ajouta Marcelin.

— Ce doit être cela, reprit la mère, qui désirait voir ses craintes remplacées par une espérance quelconque.

— Vous ferez bien de vous coucher, dit Marcelin ; à votre âge, on a besoin de repos ; votre santé pourrait souffrir d'une veille trop prolongée.

— Et vous, mon ami ?

— Moi, je dormirai ici, sur une chaise.

Madame Chastel se coucha ; Marcelin accablé de fatigue, finit par s'endormir ; mais son sommeil fut très-agité, des rêves noirs l'assaillirent.

Le jour parut. Marcelin laissa passer l'heure d'aller à son travail et resta près de madame Chastel.

La pauvre femme, à mesure que les instants s'écoulaient, reprenait toutes ses inquiétudes de la veille. Marcelin ne cherchait plus à la tranquilliser.

A midi, il dit qu'il allait à l'atelier de Pauline pour tâcher d'avoir de ses nouvelles.

— Elle y est peut-être en ce moment, ajouta-t-il. Dans tous les cas, l'amie chez laquelle elle a dîné hier, pourra me donner quelques renseignements

—Ne soyez pas longtemps, dit
madame Chastel; revenez vite pour
calmer mes craintes.

Marcelin partit, et se rendit à l'atelier.

Toutes les ouvrières s'y trouvaient,
à l'exception de Pauline.

Marcelin sut bientôt qu'elle n'avait
été, la veille, chez aucune de ses compagnes. Elle avait donc menti à sa
mère.

— C'est inconcevable, dit le chef de
l'atelier, Pauline s'était toujours mon-
trée très-exacte. Voici la deuxième fois
qu'elle se dérange. Il y a quinze jours
ou trois semaines, elle est sortie à midi
et n'est pas rentrée de la journée. Je
lui ai fait des reproches, mais elle n'en
a guère tenu compte, puisqu'elle s'ab-
sente encore aujourd'hui. Si elle continue ainsi, je serai forcé de la remercier.

— Elle est peut-être allée hier dans
la même maison que l'autre jour, dit
une ouvrière.

— Où donc? demanda Marcelin.

— Rue Bergère, numéro 14, chez mademoiselle Laure ; c'est son amie.

— Je ne la connais pas, dit Marcelin.

— C'est une demoiselle qui a travaillé
ici autrefois, dit le patron. Il paraît
qu'elle s'est écartée du bon chemin.

Marcelin courut chez mademoiselle
Laure.

Elle était chez elle.

A toutes les questions que le jeune
homme lui adressa elle répondit qu'elle
ne savait pas ce qu'il voulait lui dire.
Elle n'avait pas vu Pauline.

Marcelin, découragé, vint retrouver
madame Chastel. La pauvre mère l'attendait avec impatience ; mais, lorsqu'il lui eut rendu compte de ses dé-
marches infructueuses, sa douleur
n'eut plus de bornes.

Marcelin passa le reste de la journée
avec elle. Ils pleurèrent ensemble.

Huit jours s'écoulèrent. Pauline restait introuvable, et rien ne venait expliquer cette disparition mystérieuse.

Marcelin, dans les courts instants
que lui laissait son travail, continuait
ses recherches. Il allait partout, s'in-
formant, demandant. Chaque jour, il

venait voir madame Chastel, mais il
la quittait bientôt. Le désespoir de la
malheureuse mère lui faisait mal. Il
rentrait chez lui malade, l'âme et le
cœur brisés. Il tombait sur son lit,
épuisé, sans forces ; le sommeil ne venait pas même lui donner un instant
d'oubli. Il passait les nuits à gémir, à
s'agiter fiévreusement.

Un matin, en se levant, un doute affreux traversa sa pensée. Il s'habilla
en tremblant et se rendit de nouveau
rue Bergère, chez mademoiselle Laure.
Mais, cette fois, il entra dans la loge
du concierge ; il mit une pièce de vingt
francs dans la main du bonhomme, et
lui demanda ensuite si une jeune ouvrière, dont il lui fit le portrait, était
venue chez mademoiselle Laure le soir
de sa disparition.

Le concierge, devenu bavard, répondit, qu'en effet, cette jeune demoiselle
était venue ce soir-là. Il ne l'avait pas
vue descendre dans la soirée. Il fallait
qu'elle fût sortie bien avant dans la nuit.

Marcelin était enfin sur la trace de
sa fiancée. Il monta chez mademoi-

selle Laure. Elle eut un moment de
trouble en le voyant.

— Je suis déjà venu une fois, lui
dit-il, vous demander, au nom de sa
mère où était Pauline Chastel...

— Et je vous ai répondu que je
l'ignorais, interrompit mademoiselle
Laure avec effronterie.

— Prenez garde, reprit Marcelin en
regardant fixement la jeune femme,
Pauline est venue ici, je le sais ; elle
y a même passé une partie de la nuit.
je le sais encore.

— Je ne comprends rien à vos paroles, dit Laure sèchement ; je crois
que j'ai affaire à un fou !

Et elle lui tourna le dos.

— Ah ! vous avez affaire à un fou !
s'écria Marcelin, dont la fureur éclata.
Eh bien ! si vous ne me dites de suite
où est mademoiselle Pauline, je dé-
pose une plainte contre vous et je
vous fais arrêter.

— Me faire arrêter ! exclama Laure
en se retournant avec effroi.

Son visage était devenu blême.

— J'attends ! dit le jeune homme.

Ses yeux lançaient des éclairs

— Allez la demander rue Saint-Georges, 16.

— Ah! enfin!... s'écria Marcelin, en s'élançant hors de l'appartement.

En quelques minutes, il fut rue Saint-Georges.

— Mademoiselle Pauline?

— Au deuxième, répondit le concierge.

Il monta quatre à quatre les marches de l'escalier, tremblant, à moitié fou. Son cœur battait à se rompre lorsqu'il mit la main sur le cordon de la sonnette.

— Je désire parler à mademoiselle Pauline, dit-il à la servante qui vint lui ouvrir.

— Votre nom?

— Marcelin.

La servante le quitta et revint au bout d'un instant.

— Madame est sortie, dit-elle.

— Vous mentez! s'écria le jeune homme hors de lui. Retournez près de votre maîtresse, et dites-lui qu'il

faut que je lui parle, que je veux lui
parler.

La servante s'éloigna de nouveau.

Marcelin attendit encore dix minutes.

A bout de patience, il se disposait
à pénétrer quand même dans l'inté-
rieur de l'appartement lorsque la domestique reparut.

— Il est tout à fait impossible à
madame de vous recevoir, dit-elle à
Marcelin; elle est avec quelqu'un.
Tenez, ajouta-t-elle en lui tendant
une bourse toute pleine, elle m'a dit
de vous remettre ceci pour une dame
Chastel.

— De l'or! pour sa mère! s'écria
Marcelin en détournant les yeux et
en s'éloignant de la domestique. Ah!
je ne me charge pas de ces commis-
sions-là!

Il sortit.

— Elle est perdue! dit-il, lorsqu'il
se trouva dans la rue, perdue pour sa
mère, perdue pour moi!...

Il marcha dans les rues, au hasard,
ne voyant rien, n'entendant rien; il

avait perdu jusqu'à la faculté de penser. Il était nuit lorsqu'il songea à aller trouver madame Chastel. Il s'était bien promis de ne pas lui parler de la découverte qu'il avait faite.

— Pauvre femme ! si elle savait..... se dit-il, elle mourrait de douleur.

Mais il fut très-étonné, lorsqu'en entrant chez elle, elle accourut, joyeuse, vers lui en disant :

— Pauline n'est pas morte ; j'ai de ses nouvelles !

— Quoi ! vous savez ?.....

— Il paraît qu'elle est placée dans une bonne maison, où elle est très-heureuse, reprit madame Chastel. Voyez ce qu'elle m'envoie.

Elle prit une bourse, que Marcelin reconnut aussitôt, et en versa le contenu. Une trentaine de pièces d'or sautèrent joyeusement sur la table.

— Et vous avez accepté cet or, madame Chastel ! exclama Marcelin

— Est-ce que j'ai eu tort ? Est-ce que..... Pauline ?.....

Le visage du jeune homme était livide.

— Marcelin, Marcelin, je veux tout savoir ! s'écria madame Chastel.

— Eh bien ! vous ne pouvez pas vous servir de cet argent.

— Aurait-il été volé ?...

— Non, mais.....

— Mais ?..... Ah !..... je comprends, je devine......

Son visage pâlit horriblement, ses yeux se fixèrent, hagards, sur la table où scintillaient les pièces d'or. Elle jeta un cri étouffé, repoussa le meuble du pied et tomba sans mouvement sur le carreau.

Marcelin la prit dans ses bras, la porta sur son lit et s'empressa de la faire revenir à elle.

Lorsqu'elle rouvrit les yeux, le jeune homme s'empara de ses mains, et se mettant à genoux devant le lit :

— Vous avez perdu votre fille, lui dit-il, et moi une femme que j'aimais. Il faut quelqu'un pour soutenir votre vieillesse. Mère, ce sera Marcelin. Appelez-moi votre fils.

V

Le soir même, madame Chastel fut prise d'une fièvre violente. Marcelin la veilla toute la nuit et lui prodigua les soins les plus affectueux. Le lendemain, son état n'avait qu'empiré : le mal s'aggravait d'heure en heure. Le jeune homme envoya chercher un médecin, mais il ne vint que très-tard. Il trouva madame Chastel excessivement mal. Il ordonna, cependant, quelques calmants et fit plusieurs recommandations à Marcelin.

Le jeune homme avait renvoyé, dès la veille, la bourse et ce qu'elle contenait à Pauline.

L'argent manquait dans le ménage, il alla trouver son patron et rapporta ses modestes économies.

Dès le troisième jour de sa maladie, madame Chastel eut le délire ; elle appelait sa fille, et, prenant Marcelin pour elle, elle lui disait les choses les plus tendres ; puis, changeant

tout à coup d'idées, elle le repoussait
en lui disant :

— Arrière, misérable ! retire-toi,
vil suborneur ! viens-tu insulter la
mère dont tu as pris la fille ? Qu'as-
tu fait de mon enfant ?... Tu l'as tuée,
monstre !.....

Mais bientôt elle le rappelait :

— Viens, ma Pauline, lui disait-
elle, viens près de ta mère. Comme tu
es belle, et comme je suis fière de
toi !..... Marcelin est un brave garçon ;
il t'aime ; bientôt vous serez mariés.
Vous serez heureux..... tu auras de
beaux enfants. Un berceau, un enfant qui crie, c'est charmant, cela
égaye.

Ou bien elle éloignait doucement le
jeune homme en disant :

— Ce n'est pas vous que je veux
près de moi ; c'est Pauline. Pourquoi
ne vient-elle pas ? Pourquoi n'est elle
pas près de sa mère ? Ma fille ! ma
fille ! je veux ma fille ! entendez-vous ?
Allez me la chercher !

Alors, épuisée, elle fermait les
yeux, et retombait inerte sur son lit.

Marcelin pensa que la présence de Pauline pourraient apporter quelque soulagement à sa mère et peut-être la sauver. Il pria une voisine de rester près de la malade, et se rendit rue Saint-Georges.

La domestique voulut le renvoyer, mais il la repoussa rudement. Il entra, traversa deux ou trois pièces et pénétra dans la chambre de Pauline.

En le voyant, la jeune fille poussa un cri étouffé et baissa les yeux ; mais son orgueil se révoltant, elle releva fièrement la tête.

Marcelin se plaça devant elle. Ils se regardèrent. Pauline était rouge de honte ; les traits fatigués de Marcelin portaient l'empreinte d'une douleur amère.

— Soyez sans crainte, Pauline, dit-il, je ne viens pas ici pour vous adresser un reproche. Ce n'est pas moi, c'est votre conscience qui doit vous condamner. Je vous aimais, Pauline, oh ! je vous ai bien tendrement aimée ! mais mon amour est mort, mon cœur ne bat plus, et, si je

suis venu vous trouver aujourd'hui,
c'est pour votre mère.

— Ma mère ! fit la jeune fille.

— Oui, votre mère ; elle meurt, et
c'est vous qui l'avez tuée !

Pauline couvrit sa figure de ses
mains, et un sourd gémissement s'é-
chappa de sa poitrine.

— Dans son délire, elle vous ap-
pelle, continua Marcelin ; la laisserez-
vous mourir sans la revoir ? Je vous
ai donné le pardon du mal que vous
m'avez fait ; s'il en est temps encore,
venez obtenir celui de votre mère.

— Oh ! ma mère ! s'écria la jeune
fille. J'y vais, je vous suis ! dit-elle à
Marcelin.

Le jeune homme revint prompte-
ment rue Simon-le-Franc. Pauline
arriva presque aussitôt que lui.

Madame Chastel était un peu moins
agitée ; le délire avait cessé ; mais
elle se trouvait dans un anéantisse-
ment complet. Son visage contracté
prenait la pâleur des derniers mo-
ments.

Pauline se tenait, la regardant, debout près du lit.

Marcelin s'approcha d'elle, et, dénouant son chapeau, il le lui ôta et le jeta dans un coin de la chambre.

— Votre mère ne doit pas vous voir avec cette coiffure! dit-il.

Au bout d'un instant, la malade ouvrit les yeux, et son regard se porta sur sa fille.

Elle fit un mouvement brusque et se leva sur son lit.

— Pauline! dit-elle; est-ce bien Pauline?

— C'est moi, ma mère, répondit la jeune fille.

Madame Chastel la regardait toujours avec égarement.

— Non, ce n'est pas toi, reprit-elle après un moment de silence; vous n'êtes pas ma fille : je n'ai plus d'enfant. Ma fille, à moi, est morte, et vous, vous n'êtes que son ombre.

Elle fit un effort violent et parvint à s'asseoir sur le lit.

— Va-t'en! s'écria-t-elle d'une voix creuse, en étendant son bras décharné

vers sa fille; va-t'en, je ne te connais
plus, je ne suis plus ta mère! Sois
maudite!

Elle retomba inanimée sur son lit.
Une sueur froide couvrit son front;
ses yeux s'ouvrirent larges, effrayants;
ses bras se roidirent hors du lit, et
elle poussa un soupir plaintif.

C'était le dernier.

Pauline retourna chez elle. Elle se
plaça devant une glace, et fut effrayée
en se trouvant un peu pâlie. Puis elle
se jeta sur son divan et se mit à
rêver jusqu'au soir.

Le lendemain, dix ou douze per-
sonnes suivirent le cercueil de madame Chastel au cimetière. Marcelin,
la tête découverte, conduisait le
deuil.

Pauline resta enfermée dans sa
chambre, et ne reçut personne pendant trois jours. Le soir du quatrième,
on la vit dans une loge à l'Opéra.

VI

Par une froide journée du mois de janvier 1854, une femme, jeune et belle encore, le visage souriant et heureux, marchait sur un des trottoirs de la rue Saint-Antoine. Deux petits garçons charmants, qu'elle tenait par la main, riaient, babillaient, sautaient à ses côtés. Le plus âgé pouvait avoir huit ans.

Tout à coup, le regard de cette femme se dirigea avec surprise sur une autre femme qui traversait la rue lentement, la tête penchée sur la poitrine.

— C'est elle, c'est bien Pauline! dit la mère des deux enfants, je la reconnais.

Et elle s'arrêta, suivant des yeux la femme qui s'éloignait.

Pauline, c'était elle, en effet, qui l'avait aperçue et reconnue, sans doute, doubla le pas en cherchant à cacher sa figure. Elle avait évi-

demment l'intention de ne pas être
rencontrée par une ancienne connaissance.

Mais la jeune mère se mit à marcher
rapidement vers elle.

— Pauline! Pauline! cria-t-elle,
lorsqu'elle ne fut plus qu'à une faible
distance.

Pauline se retourna. Un vieux chapeau de velours remis à neuf deux ou
trois fois couvrait sa tête. Des botti-
nes percées, aux talons écrasés, chaus-
saient ses pieds; un châle mince et
léger, d'une couleur douteuse, garan-
tissait mal ses épaules du froid. Sa
robe, usée par le bas, était rapiécée
aux manches et au corsage. Son visage maigre, maladif, ses yeux en-
tourés d'un cercle bleuâtre, au regard
terne, etson front où se creusaient
des rides précoces, annonçaient des
souffrances physiques horribles ou un
temps assez considérable de priva-
tions et de misère.

— Comme te voilà changée, ma pauvre Pauline! dit la mère de famille.

Les deux enfants la regardaient avec curiosité.

— Tu as donc bien souffert? reprit la jeune femme.

— Oh! ne m'interroge pas, répondit Pauline.

— Tu trembles; tu as froid, ma pauvre amie. Nous ne sommes qu'à deux pas de la maison, viens avec moi, tu pourras te réchauffer près d'un bon feu.

Pauline se laissa conduire.

La jeune femme la fit entrer dans un joli petit appartement composé de trois pièces meublées simplement, mais où rien ne manquait des choses d'une utilité journalière.

Un feu pétillant et joyeux flambait dans la cheminée.

La jeune femme fit asseoir Pauline et se plaça près d'elle devant le feu.

— Ces deux beaux enfants sont sans doute à toi? demanda Pauline.

— Oui, ce sont les miens, répondit la jeune mère avec orgueil, n'est-ce pas qu'ils sont gentils? Ah! dame, ils tiennent de leur père... et un peu

de moi, car autrefois je passais pour
être assez jolie ; mais la beauté s'en
va vite, aujourd'hui il n'en reste plus
guère.

— Tu es heureuse, c'est le princi-
pal, dit Pauline.

— Tu as raison, ma chère Pauline,
c'est le meilleur de tout. Il y a de
cela neuf ans, j'ai fait la connaissance
d'un honnête garçon, ouvrier comme
moi ; nous nous aimions, et, ma foi,
nous nous sommes mariés. Je n'ai
pas eu à m'en repentir, car, vois-tu,
mon mari est le meilleur des hommes.
Mais tu feras sa connaissance ; il suffit que tu sois mon amie pour qu'il te
reçoive bien. Enfin, pour en revenir
à nos premières années de mariage,
nous avons fait des économies ; j'ai
eu un garçon, puis un autre, et les
épargnes ont disparu. Heureusement,
mon mari, qui est très-aimé de son
patron, est devenu contre-maître.
Cela nous a permis de faire de nouvelles économies ; nous nous sommes
meublés comme tu vois, et, à présent,

nous avons déjà quelques milliers de
francs de placés.

Et toi, Pauline, qu'es-tu donc devenue ? Voilà bientôt... mais oui, c'est
cela, voilà douze ans que nous ne
nous sommes vues. Tu as sans doute
quitté Paris ?

Pauline laissa tomber sa tête sur
sa poitrine.

— Oh! j'ai été bien malheureuse,
dit-elle après un moment de silence ;
mais je ne te raconterai pas ma vie,
car je voudrais ne pas la connaître
moi-même.

— Pauvre Pauline! fit la jeune
femme en la regardant avec tristesse.

— Tu vas avoir une idée de mes
souffrances. Ecoute : Il y a deux jours
que je suis sortie de l'hôpital, où je
suis restée pendant trois mois. Avant
d'y entrer, je ne possédais plus rien ;
j'avais tout vendu, jusqu'à mes robes
et mes chemises, pour ne pas mourir
de faim. Et tout à l'heure, lorsque tu
m'as rencontrée, j'ignore où j'allais,
— me jeter dans la Seine, peut-être,
— car je suis sans argent, je n'ai pas

d'asile, et je ne sais où aller manger.

— O mon Dieu! si malheureuse!
s'écria la jeune femme. Quel bonheur
que je t'aie reconnue!... Sois tranquille, Pauline, nous t'aiderons.

— Voici mon mari, ajouta-t-elle en
prêtant l'oreille; je reconnais son pas
dans l'escalier.

Presque au même instant, la porte
s'ouvrit et un homme entra.

Les deux enfants coururent à lui en
étendant leurs petits bras et en criant :
— Papa! papa!

Pauline rejeta vivement sa tête en
arrière. Sa poitrine se gonfla, et le nom
de Marcelin vint expirer sur ses lèvres
frémissantes.

Le père se baissa et embrassa les
deux enfants. Il fit quelques pas dans
la chambre et aperçut Pauline qu'il
n'avait pas d'abord remarquée. Sa figure prit aussitôt une expression de
dureté qui ne lui était pas habituelle.
D'un seul coup d'œil, en voyant les
traits flétris de la pauvre fille et les
misérables haillons dont elle était vêtue, il comprit tout.

— La malheureuse, murmura-t-il,
elle est descendue jusqu'au fond de
l'abîme!...

Pauline, n'osant le regarder, avait
appuyé ses bras sur ses genoux et caché sa tête dans ses mains.

La femme de Marcelin s'approcha de
lui.

— Mon ami, dit-elle, cette femme est
une de mes anciennes amies; elle est
bien malheureuse. Je lui ai promis de
l'aider, tu me le permettras, n'est-ce
pas?

Marcelin s'approcha de Pauline;
mais pour ne point l'humilier, il feignit
de ne pas la connaître :

— Vous avez été, autrefois, l'amie
de ma femme, lui dit-il, je l'autorise à
faire pour vous tout ce qu'elle jugera
convenable.

Pauline releva lentement la tête.
Des larmes de repentir brillaient dans
ses yeux.

— Pauline, reprit la femme de Marcelin, nous te louerons une petite chambre dans un hôtel, en attendant le demi-
terme; alors nous t'avancerons de l'ar-

gent et tu pourras te meubler. Je te
promets que, dès demain, tu auras de
l'ouvrage; je te conduirai chez mon
ancienne patronne, et, à ma recom-
mandation, je suis sûre qu'elle t'accep-
tera.

— Pourrez-vous travailler? demanda Marcelin.

— Oh! oui, je travaillerai, s'écria la
pauvre fille en fondant en larmes.

Et elle ajouta tout bas :

— Je mériterai peut-être le pardon
de ma mère, qui est là-haut.

Marcelin lui prit la main.

— C'est bien, dit-il.

Pauline était devenue rouge de con-
fusion.

Deux jours après, elle avait repris
son ancien état de fleuriste. Aujour-
d'hui, elle continue encore sa réhabili-
tation par le travail.

FIN

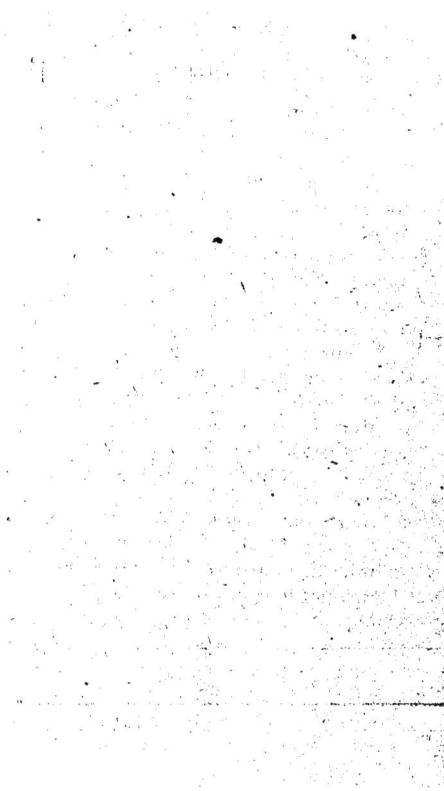

LA FILLE DU FERMIER

LA FILLE DU FERMIER

I

Ils étaient assis sur le bord d'un
ruisseau, à l'ombre d'un vieux saule ;
leurs yeux semblaient suivre atten-
tivement l'eau qui coulait à leurs
pieds ; mais ils regardaient, sans les
voir, les mouvements des joncs flexi-
bles qui couvraient de rides la sur-
face du courant ; ils n'entendaient
point le murmure du flot qui s'en
allait caressant les fleurs sur son pas-
sage. Devant eux s'élevait un coteau
paré de vignes, riant sous sa triple
couronne d'arbres à fruits. Plus bas,
sur la rive droite du ruisseau, à tra-

PAGINATION DECALEE

vers une plantation de peupliers, on
apercevait le clocher d'un village. De
temps à autre, quelques bruits con-
fus, le chant d'un coq ou le jappement
d'un chien de garde arrivait jusqu'à
eux sans qu'ils parussent l'entendre.

Tous deux étaient jeunes; la même
année les avait vus naître à quelques
mois de distance.

Tous deux étaient beaux. Le pre-
mier avait la figure fière, peut-être un
peu rude, de nos ancêtres les Gaulois;
ses yeux noirs, ses traits hardis et
son teint bruni par le soleil donnaient
à sa physionomie une expression de
noblesse héroïque.

Les traits du second étaient régu-
liers et délicats; l'ensemble de son
visage offrait le curieux contraste de
la douleur et de la résignation; ses
cheveux blonds s'alliaient délicieuse-
ment à son teint rose et frais.

Le plus âgé se nommait François et
l'autre Prosper.

François était le fils unique du père
Bertrand, un des plus riches fermiers
du canton. Prosper Alain était or-

phelin; son oncle Bertrand l'avait
adopté au berceau et en avait fait le
frère de son fils.

Les deux cousins, élevés ensemble
sous les yeux du fermier, s'habituèrent
à se donner le nom de frère, et ils
vécurent comme s'ils l'étaient, en
effet; la différence de leur nature et
de leur caractère augmenta encore
leur amitié.

Jusqu'à l'époque où commence ce
récit, ils n'avaient jamais eu de secrets
l'un pour l'autre; ils avaient cons-
tamment mis en commun leurs joies
et leurs chagrins; travaillant ensemble, dormant dans le même lit,
partageant les mêmes jeux, ils ne s'é-
taient jamais quittés un instant. Et
maintenant, assis l'un près de l'autre
sous le vieux saule, la même pensée
les occupe encore sans qu'ils s'en
doutent.

C'était un dimanche. Une troupe de
jeunes filles en habits de fête venait
de sortir du village et s'avançait
dans la prairie en formant des rondes
et des danses. Plusieurs jeunes gens

suivaient les jeunes filles, désirant
se mêler à leurs jeux ; celles ci n'a-
vaient pas l'air de s'en apercevoir.

Leurs cris joyeux arrivèrent aux
oreilles des deux cousins, et comme
s'ils eussent ressenti une commotion
électrique, ils tressaillirent et se le-
vèrent brusquement. Les jeunes filles
étaient tout près d'eux, mais ils n'en
virent qu'une seule, la plus belle
d'entre elles, Clarisse, la fille du fermier Richard.

— Bonjour, monsieur François ;
bonjour, monsieur Prosper, crièrent
ensemble les jeunes filles.

— Si vous voulez nous le permettre,
dit François en s'avançant vers elles,
nous partagerons vos jeux.

— Avec plaisir, répondit Clarisse.
Venez.

Et elle tendit ses mains aux deux
cousins.

— Et nous ? dirent les autres jeunes
gens en s'approchant.

— Et vous aussi.

Alors, jeunes filles et jeunes garçons dansèrent en chantant ces joyeux

refrains champêtres devenus si vieux,
mais que rajeunissent les voix har-
monieuses des jeunes filles.

Depuis longtemps le soleil était
descendu derrière les monts ; la nuit
approchait ; la campagne devenait si-
lencieuse ; on n'entendait plus que le
grillon caché dans l'herbe, et dans le
lointain, le chant d'un gai villageois.
Les saules au bord du ruisseau res-
semblaient à une rangée de fantômes.
Les jeunes gens, conduisant chacun
une jeune fille, revinrent au village. François donnait le bras à la
belle Clarisse. Tout à coup il s'arrêta.

— Prosper ! où est donc Prosper ?
s'écria-t-il en ne le voyant pas. Et son
regard cherchait autour de lui.

Prosper n'était plus là.

Il rentra au village très-agité et
hésita longtemps avant de retourner
chez son père sans avoir retrouvé son
cousin : c'était la première fois qu'ils
sortaient sans rentrer ensemble.

Bertrand, entouré de ses domestiques, attendait avec impatience le
retour de ses enfants. Les couverts

5

étaient mis pour le repas du soir, et
l'heure à laquelle on avait l'habitude
de se mettre à table était passée.

— Enfin, les voici, dit le père Bertrand en se levant au bruit que fit la
lourde porte d'entrée qui s'ouvrait.

François rentra seul.

— Où as-tu laissé Prosper? demanda Bertrand à son fils.

— Prosper! n'est-il donc pas rentré?

— Nous ne l'avons pas vu.

— Oh! mon Dieu! que peut-il lui
être arrivé?

— Comment n'est-il pas avec toi?

— Nous revenions à Auberive,
lorsqu'il m'a quitté à la hauteur du
pré des Noues. Je pensais qu'il avait
pris l'avance pour venir vous tranquilliser sur notre retard.

— Non. Il faut que quelqu'un l'ait
retenu.

— Permettez-moi, mon père, d'aller
le chercher.

— C'est inutile. Il connaît l'heure du
souper, tant pis pour lui : nous ne
l'attendrons pas. A table!... cria le
fermier en prenant une cuiller d'étain,

avec laquelle il frappa un coup sec sur son gobelet d'argent.

François s'était mis à table comme les autres ; mais son cœur se serra en pensant à son cousin.

— Eh bien ! François, tu ne manges pas ? lui dit son père.

— Je n'ai pas faim.

— Ah ! fit Bertrand étonné, ce n'est pourtant pas ton habitude.

— Je suis fatigué et je vais attendre Prosper dans notre chambre.

— Comme tu voudras, mon garçon. Va, tu déjeuneras mieux demain matin.

François prit une lumière et monta dans sa chambre.

Il s'assit sur le bord du lit, et son imagination, frappée de terreur, lui représenta Prosper, seul dans la campagne, malade peut-être, peut-être blessé, l'appelant à grands cris et se plaignant de ce qu'il ne venait pas à son secours. Puis, passant à une autre idée :

— Il a été triste toute la soirée, se disait-il ; lui aurais-je causé quelque

chagrin sans le vouloir ? Il a le cœur
si sensible… Oui, c'est certain, je lui
ai fait de la peine. Deux grosses
larmes roulaient dans ses yeux. —
Prosper, mon ami, mon frère, repre-
nait-il tout haut, tu me pardonneras.

Tout à coup sa figure s'éclaircit; il
lui sembla que de gracieux visages
de jeunes filles s'animaient sous ses
yeux, des voix douces chantaient à
son oreille des rondes joyeuses. Clarisse lui souriait. Sa main pressait la
petite main fine et blanche de la jeune
fille ; il se rappela un baiser qu'elle lui
avait donné sur le front pour racheter
un gage; alors il éprouva un plaisir
indicible ; le sang lui monta à la tête
et lui brûla les tempes ; ses yeux se
fermèrent; il se laissa tomber sur son
lit et s'endormit le sourire sur les
lèvres.

Au même moment, sur un petit
monticule au flanc du coteau, Prosper
était assis. Le village d'Auberive
s'étendait à ses pieds ; il l'embrassait
d'un seul regard. Les dernières lu-
mières venaient de s'éteindre ; aucun

bruit ne révélait plus l'existence de ce
village caché dans les arbres ; seuls,
les rayons de la lune le trahissaient
en glissant sur les feuilles de zinc qui
recouvrent la charpente du vieux
clocher.

Prosper était triste ; quelques sou-
pirs étouffés sortaient difficilement de
sa poitrine ; son chapeau était à
quelques pas de lui, et le vent de la
nuit se jouait sur son cou avec ses
cheveux épars.

Un instant avait suffi pour l'éclairer sur ses sentiments ; il avait lu
jusqu'au fond de son cœur, où le
germe d'une jalousie horrible croissait
à son insu. Il n'en doutait plus, François aimait Clarisse ; il avait deviné
son amour, habitué qu'il était à sur-
prendre la pensée de son cousin. Lui
aussi, le malheureux, il l'aimait ; le
bonheur de sa vie était à jamais atta-
ché à celui de la jeune fille.

Le baiser donné à François avait
dechiré son cœur.

Il n'avait pas eu la force de revenir
au village en voyant Clarisse et Fran-

çois marcher l'un près de l'autre. La
douleur l'accablait ; il voulut fuir cette
vue pénible pour lui : il aurait voulu
se fuir lui-même.

Lorsqu'il fut seul dans les champs,
il se laissa aller au désespoir, et des
larmes brûlantes inondèrent son visage. Des idées bizarres, des projets
insensés passèrent dans son cerveau
malade. Il voulait se déclarer ouver-
tement le rival de son cousin, se faire
aimer de Clarisse, l'enlever à son
père, l'enlever à François et se sauver
avec elle au bout du monde.

Il eut un instant la pensée de
mettre fin à ses jours.

Mais la vie est si belle à vingt ans !
Peut-on songer longtemps et sérieusement à la quitter ?

Il voulait partir, quitter Auberive
sans revoir son oncle, ni François, ni
personne, pour aller vivre dans un
autre coin de la France. On me re-
grettera, on fera des recherches pour
me trouver, pensait-il, et il s'arrêtait
complaisamment à cette pensée qui
flattait son amour-propre.

Peu à peu son agitation se calma ; il eut honte de ses folles pensées et se les reprocha comme des crimes. Un instant, il eut peur que son affection pour son cousin ne fût moins grande que son amour.

Il fit un retour sur lui-même en se retraçant les premières années de sa vie. N'avait-il pas été adopté, lui, pauvre et sans famille, par son oncle Bertrand ? N'était-il pas devenu le frère de François ? Pouvait-il donc méconnaître les bontés de son oncle et trahir l'amitié que lui avait généreusement donnée son cousin ?

Un frisson de terreur courut le long de son corps et glaça son front couvert de sueur. Il s'avoua coupable.

Alors les sentiments généreux, un instant étouffés, reprirent le dessus et chassèrent les pensées mauvaises. Il redevint ce qu'il était réellement, une âme élevée. — Il aime Clarisse, se dit-il, il est digne d'elle ; lui seul mérite son choix et peut la rendre heureuse. Elle est riche, lui aussi, et moi je n'ai rien que ce que l'on veut

bien faire pour moi. N'y pensons plus;
je saurai me résigner et renfermer en
moi ce secret que je voudrais ignorer.

— Clarisse!... Oui, je l'aimerai toujours; elle sera dans mon cœur à côté
de François, je m'habituerai à la regarder comme sa femme, comme ma
sœur, et l'amitié trompera l'amour.

Cette résolution prise, il se sentit
fort contre lui-même; il regarda autour de lui avec l'orgueil qui naît du
contentement de soi-même.

Le jour commençait à paraître; il
se leva, ramassa son chapeau et descendit le coteau pour rentrer au village.

II

Tout le monde était levé à la ferme.
Bertrand donnait ses ordres pour les
travaux de la journée. François, interrogeait les domestiques pour savoir
si l'un d'eux pourrait lui donner des
nouvelles de son cousin. Aucun ne
l'avait vu.

En moins d'un quart d'heure, tout le monde, excepté François, avait quitté la ferme ; chacun allait à son travail. Le vieux Bertrand, toujours infatigable, devait, ce jour-là, diriger les travaux au dehors.

François reprenait sérieusement toutes ses inquiétudes de la veille, lorsque Prosper parut. Il jeta un cri de joie en se précipitant à sa rencontre.

— Enfin, te voilà, lui dit-il ; pourquoi n'es-tu pas rentré hier soir ?

— La soirée était belle, répondit Prosper en rougissant légèrement ; j'ai voulu rêver un peu, et je me suis endormi dans l'herbe.

— Ce n'est pas bien, vois-tu, mon frère ; j'ai été troublé toute la nuit ; je craignais que tu ne fusses malade.

— C'est vrai, j'ai eu tort ; mais cela ne m'arrivera plus.

Les deux cousins s'embrassèrent et se mirent à leur besogne.

Le soir, ils allèrent s'asseoir, suivant leur habitude, sur un banc de bois, au fond du jardin. Comme la veille au bord du ruisseau, ils pensaient à Clarisse.

François élevait sans peine l'édifice de son bonheur ; il ne voyait aucun obstacle se placer entre lui et la jeune fille. Prosper était soucieux ; une lutte terrible s'engageait entre son cœur et sa raison ; il voulait éloigner sa pensée de Clarisse, mais sans y parvenir ; la charmante jeune fille était tout en lui.

— A quoi penses-tu ? demanda tout à coup François.

— Je pense à toi, répondit Prosper.

— A moi ?

— Oui, et toi tu penses à...

Il n'eut pas la force de prononcer le dernier mot.

— A Clarisse, ajouta vivement François. Tu m'as donc deviné ?

— Oui. Tu l'aimes bien, n'est-ce pas ?

— Oh ! oui, je l'aime. Hier soir, comme elle était belle !

— J'ai bien vu que tu l'admirais.

— Et tu as compris que je l'aimais ?

— Oui, et je me suis dit : Si un au-

tre aimait Clarisse, il serait bien malheureux, car elle est riche, et il n'y a
que François qui soit aussi riche
qu'elle.

— Cela pourrait être une raison
pour son père, mais pour elle, si elle
ne m'aime pas...

— Si elle ne t'aime pas! Elle ne t'a
donc pas dit qu'elle t'aimait ? s'écria
Prosper.

— Nous ne nous sommes pas encore parlé, répondit François.

— Elle t'aimera, elle doit t'aimer,
reprit Prosper.

— Je n'ai pas cette espérance.

— Hier, n'est-ce pas toi qu'elle a
embrassé ?

— Oui.

— Eh bien ! c'est une preuve.

— Tu as raison. Clarisse sera ma
femme, dit François.

— En ce moment, on entendit la
voix du fermier qui les rappelait.

Le lendemain, François fut d'une
gaieté folle ; les paroles de son cousin
lui avaient fait entrevoir la possibilité
d'être aimé de Clarisse, et il prit la

résolution de parler à son père, qui,
se trouvant fréquemment avec le fermier Richard, pourrait aisément obtenir le consentement de ce dernier.

Chaque fois qu'il se trouvait seul
avec son cousin, il lui parlait de son
amour, sans s'apercevoir qu'il le faisait souffrir, et que chacune de ses
joies était une blessure nouvelle au
cœur du malheureux.

Bientôt, Prosper devint triste et
rêveur, on le surprenait parfois comme
plongé dans de sombres pensées. Si
on lui demandait le sujet de sa tristesse, il répondait vaguement. Souvent, travaillant près de François, de
grosses larmes s'échappaient de ses
yeux; alors il se cachait pour les essuyer. Mais lorsqu'il se trouvait seul
un instant, il les laissait couler, car
elles le soulageaient. Le dimanche, on
ne le voyait plus, comme autrefois,
avec les jeunes gens du village. Ceux-
ci disaient à François:

— Où donc est Prosper? Pourquoi
n'est-il pas avec nous?

François, embarrassé, ne savait que répondre.

Pendant ce temps, Prosper errait dans les champs; seul, il se trouvait moins malheureux : l'amour sans espoir aime la solitude.

Couché sous un arbre, au fond d'un bois, il pensait à Clarisse, il lui parlait. Il écoutait le chant des oiseaux, le bruit du vent dans les feuilles, et son âme s'entretenait avec eux, Il croyait les entendre gémir et soupirer, et lui gémissait et soupirait pour leur répondre. Il avait cru pouvoir vaincre son amour, et tous ses efforts n'avaient servi qu'à le rendre plus vif et plus profond.

Prosper était aimé dans le village; les mères de famille surtout, autrefois les compagnes de sa mère, s'étaient prises d'affection pour le jeune orphelin. On s'étonna donc beaucoup lorsqu'on ne le vit plus, les jours de fête, sourire à tout le monde. Chacun expliquait à sa manière le chagrin du jeune homme.

— Vous croirez ce que vous vou-

drez, voisines, disait une commère,
mais ce pauvre Prosper me fait de la
peine. On l'a rencontré dans les
champs ; il s'arrêtait tout court, il ges-
ticulait et semblait parler aux arbres.

— Sainte Vierge! ce pauvre garçon
serait-il devenu fou ?

— Je l'ai entendu dire ; il faut bien
croire que cela est. Pauvre Prosper !...
Quel malheur !...

— Allons donc ! il est fou comme
vous et moi, dit une vieille paysanne
en essuyant les verres de ses lunettes;
un garçon qui est plein d'esprit, la
meilleure tête du village.

— Un instant, mère Durand, dit
une autre femme dont le fils venait
d'entrer au grand séminaire, la meilleure tête du village, comme vous y
allez.

— Je le soutiens, soit dit sans offenser ni vous, ni votre fils qui se fait
abbé.

La mère du séminariste se mordit
les lèvres de dépit.

— Mais, enfin, mère Durand, s'il
n'est pas fou, dites-nous ce qu'il a.

— Mes enfants, dit sentencieuse-
ment la bonne femme, Dieu seul le
sait.

— Je crois, dit la première paysanne, qu'il n'est pas heureux chez son
oncle Bertrand.

— Bertrand l'aime comme son fils,
reprit la mère Durand.

— Alors, je n'y comprends plus
rien. Pourquoi est-il si triste ? pourquoi court-il les champs quand les
autres jeunes gens s'amusent ?

— Dieu seul le sait, répéta une se-
conde fois la mère Durand.

— Je crois tout bonnement qu'il est
amoureux, dit alors une grosse paysanne qui n'avait pas encore pris part
à la conversation.

— Amoureux ! par exemple, mais il
n'y a pas de quoi mourir de chagrin.

— Non, en vérité, si ce n'est que ça...

— Il est joli garçon, dit une jeune
veuve.

— C'est un jeune homme très-rangé,
ajouta la maman de trois filles à marier.

— Il ne fréquente pas les caba-

rets, reprit la femme d'un ivrogne.
' — Il va à la messe tous les dimanches et fêtes, s'empressa d'ajouter
une jeune dévote.

Tous ces propos, exagérés, défigu-
rés et répétés chaque jour, ne tardè-
rent pas à arriver aux oreilles de
François. Il voulut en parler à Prosper; mais il craignait de lui faire de la
peine, la force lui manqua.

On était arrivé à la veille des vendanges. Un dimanche, après les vê-
pres, toute la jeunesse d'Auberive se
trouvait réunie dans un pré, à quelques minutes du village. Un bal cham-
pêtre y avait été improvisé. Les mères
faisaient cercle autour des danseurs,
et les pères, assis à des tables appor-
tées sur les lieux à l'occasion de la
fête des vendanges, vidaient joyeusement quelques bouteilles de la dernière récolte en jouant aux cartes.

Prosper avait cédé aux instances de
François; il était venu avec lui. Il se
tenait debout à quelque distance de
la place occupée par les danseurs;
François dansait avec Clarisse; ses

yeux suivaient tous les mouvements de la jeune fille.

— Comme elle est heureuse! pensait-il, si elle savait ce que j'ai déjà souffert et ce que je souffrirai encore pour elle! Mais non, elle l'ignorera toujours.

En ce moment, son regard rencontra celui de Clarisse. Elle le regardait avec tant de douceur qu'il en fut profondément ému. Un nuage passa devant ses yeux; son cœur battait avec violence; il sentit ses jambes fléchir sous lui et il s'appuya contre un arbre pour ne pas tomber. Clarisse le vit pâlir et chanceler; elle fut sur le point de s'élancer vers lui pour le soutenir.

Le quadrille achevé, elle quitta brusquement François et se dirigea vers Prosper. En la voyant s'approcher, le jeune homme ne put contenir son émotion : il sentait le bonheur lui revenir.

— Vous souffrez? lui dit Clarisse en lui prenant la main : pourquoi ne cherchez-vous pas à vous distraire un peu?

Prosper la contemplait avec ivresse.

— Autrefois, vous me faisiez toujours danser, continua Clarisse; ne le voulez-vous pas aujourd'hui?

— Oui, je le veux! je le veux! s'écria-t-il, perdant tout à fait la tête.

Et il prit place au quadrille avec la jeune fille.

Les couleurs revinrent sur ses joues amaigries; ses traits s'animèrent, un éclair de joie illumina son front et le sourire reparut sur ses lèvres. Il avait oublié son cousin; il ne voyait plus que Clarisse, Clarisse qui lui souriait. Le quadrille terminé, il ramena Clarisse à sa place.

— Je vous remercie, monsieur Prosper, lui dit-elle; je suis bien heureuse que vous ayez voulu danser avec moi.

— Si c'est un bonheur, il est tout pour moi, reprit Prosper, et comme je désire le renouveler, m'accorderez-vous encore une contredanse?

— Avec plaisir, répondit Clarisse, en rougissant.

Prosper s'éloigna; il avait besoin

de se trouver seul pendant quelques instants.

Il marcha absorbé dans ses pensées ; une nouvelle existence commençait pour lui : Clarisse lui avait souri, mais d'un sourire qu'elle n'avait jamais eu pour personne, pas même pour François ; il avait cru voir dans ses yeux autre chose qu'un simple intérêt.

— Me serais-je trompé ? se disait-il. Et il appuyait sa main sur son front, comme pour arrêter sa pensée fugitive et démêler ce qu'il y avait de vrai dans les sentiments que la jeune fille venait de lui témoigner.

Il s'arrêta. Quelques arbres le séparaient de la dernière des tables occupées par les buveurs. Deux paysans y causaient assis en face l'un de l'autre : c'étaient le père Bertrand et le fermier Richard.

— Vous aurez cette année un bon tiers de récolte en plus que l'année dernière, voisin Bertrand, disait le fermier Richard.

— C'est bien possible, répondit Bertrand en souriant d'un air fin.

— Cela est certain, car vous avez quatre bons arpents de vigne en plus et l'année est meilleure.

— J'en aurai besoin, voisin Richard; voici la conscription, et j'ai deux garçons à faire remplacer si le sort leur est contraire.

— Vous êtes plus heureux que moi, Bertrand.

— Comment l'entendez-vous, voisin Richard?

— Vous avez un fils pour vous aider dans vos travaux.

— Mais vous avez une fille, voisin.

— Ce n'est pas elle qui peut me remplacer.

— Mariez-la, vous aurez un fils.

— Je ne demande pas mieux, mais..

— Après vous, Richard, je suis, sans vanité, le plus riche fermier du canton; ne croyez-vous pas que François serait un bon parti pour votre fille?

— Franchement, j'y ai déjà pensé.

— Eh bien! je vais vous apprendre une nouvelle : c'est que nos enfants

ne se déplaisent pas ; François m'en
a dit deux mots, et je crois que nous
ferions bien de les marier.

En entendant ces paroles, Prosper
pâlit.

— Touchez là, dit Richard en tendant sa main à Bertrand, c'est chose
convenue.

Les deux fermiers se donnèrent une
chaude poignée de mains. Richard
versa le contenu d'une bouteille dans
les deux verres.

— Au mariage de nos enfants ! dit-
il en élevant son verre.

— Au mariage de nos enfants! répéta Bertrand.

Et les deux verres se choquèrent.

Prosper n'eut pas la force d'en
écouter davantage ; il s'éloigna en
chancelant, comme un homme ivre ; il
lui semblait que la terre tournait autour de lui et que les arbres, déraci-
nés, allaient tomber sur sa tête et
l'écraser. Les éclats de voix, les cris
joyeux de la foule frappaient ses oreilles comme des bruits étranges. Il
s'enfuit pour ne plus les entendre.

Sa dernière illusion, illusion d'un moment, après lui avoir montré le ciel entr'ouvert, venait d'être détruite et de le rejeter dans la réalité, peut-être plus malheureux qu'auparavant.

— C'en est fait ! s'écria-t-il, elle est perdue pour moi : elle sera la femme de François, et moi je quitterai Auberive.

III

Plusieurs mois se sont écoulés depuis la fête des vendanges. Les deux cousins ont tiré au sort. Prosper avait vu arriver ce jour avec plaisir ; sa seule pensée était de s'éloigner de Clarisse ; être atteint par la loi du recrutement lui semblait un véritable bonheur. Mais, contre son attente, il amena un des derniers numéros.

On était aux premiers jours de mai ; le conseil de révision venait de prendre son contingent d'hommes dans le canton ; François, moins heureux que son cousin, en faisait partie.

— Je partirai à sa place, se dit Prosper.

Il alla trouver son oncle et lui communiqua son intention.

— Quoi ! tu veux partir pour François, tu veux nous quitter ? s'écria le fermier. Tu ne te plais donc pas avec nous ? Je t'ai cependant aimé comme mon fils.

— C'est vrai, mon oncle ; aussi je n'oublierai jamais le bien que vous m'avez fait. Vous m'avez servi de père, mon oncle, et je veux avoir toujours le droit de vous donner ce nom.

— Alors, pourquoi veux-tu me quitter ? dit le fermier en essuyant une larme.

— Le métier de soldat me plaît, mon oncle.

— Es-tu bien sûr de ne pas te repentir de ce que tu vas faire ?

— J'en suis sûr ; du reste, je reviendrai ; ce n'est qu'une séparation de quelques années.

— C'est sept ans, Prosper, et cela compte dans la vie d'un homme.

— Je les aurai employés à satisfaire

un désir que j'ai depuis longtemps :
celui de voyager.

— Tu veux être soldat, mon garçon,
cela me fait de la peine ; mais puisque
tu y tiens, je ne contrarierai pas tes
idées. Pars donc pour François.
Quand tu seras loin de nous, souviens-
toi du bonhomme Bertrand ; tu auras
toujours un abri sous son toit et une
place dans son cœur.

Prosper embrassa son oncle avec
effusion. Le fermier pleurait.

— Je ne te propose pas le prix du
remplacement de François, dit-il, ce
serait t'offenser ; mais j'aurai soin de
garnir ta bourse avant ton départ, et
chaque fois que tu auras besoin d'argent, ne crains pas de m'en demander, j'en aurai toujours pour toi.

Quelques jours après, les formalités
exigées pour le remplacement étaient
remplies. Prosper, ayant déclaré vouloir partir immédiatement, reçut l'or-
dre d'aller rejoindre son régiment, qui
était alors en garnison dans une ville
du Midi.

Lorsqu'on apprit à Auberive le dé-

part prochain de Prosper, l'étonne-
ment fut général : les uns accusaient
Bertrand d'avoir voulu se débarrasser
de son neveu, mais c'était le petit
nombre. Les autres commentaient de
mille manières cet événement, qui
resta inexplicable.

Cependant, Prosper allait quitter
Auberive, et il ne voulait pas partir
sans voir Clarisse encore une fois.

Le soleil couchant incendiait la
cime des grands arbres, et les oiseaux
chantaient leur chanson du soir dans
les feuilles.

Prosper errait depuis une heure autour du jardin du fermier Richard
sans avoir aperçu Clarisse. Il s'en re-
tournait découragé, lorsqu'à travers
une haie d'aubépine en fleur il vit la
jeune fille, qui s'avançait lentement
sous les arbres du jardin.

Une nuance de tristesse répandue
sur son visage en altérait la fraîcheur;
ses yeux avaient perdu leur vivacité
habituelle, tout en conservant l'expression indéfinissable qui faisait bon-
dir le cœur de Prosper; ses cheveux

agités par le vent ondulaient sur son
cou. Elle était rêveuse, et tout en passant sous les arbres, elle leur arrachait
des fleurs, qu'elle roulait dans ses
mains et qu'elle jetait ensuite à ses
pieds.

Prosper ne pouvait se lasser de
l'admirer, et, malgré sa timidité, sans
la haie qui défendait l'entrée du jardin, il se serait élancé vers elle pour
tomber à ses genoux.

Clarisse n'était plus qu'à une faible
distance de lui. Il craignait d'être vu,
et il allait se retirer, lorsque la jeune
fille tourna les yeux de son côté.

— Prosper, c'est vous, dit-elle en
s'approchant de la haie.

Prosper rougit. Un tremblement
nerveux s'empara de lui.

— Je pars demain, mademoiselle, et
je... je venais...

— Vous partez demain, je le sais ;
vous quittez ceux qui vous aiment...
votre oncle, votre cousin.

— Il le faut.

— Il le faut. Pourquoi?

— Pour que je ne sois pas tout à fait malheureux.

— Ah! monsieur Prosper, j'ai bien peur que vous ne soyez ingrat.

— Ingrat! si vous saviez...mais non.

— Que voulez-vous dire?

— Puisque vous vous mariez avec François...

— Me marier avec votre cousin, jamais!

— Je croyais que vous l'aimiez.

— Ah! monsieur Prosper! dit Clarisse avec un accent de reproche.

— Je m'étais donc trompé! Mais lui, François, il vous aime, il me l'a dit.

— Il me l'a dit aussi.

— Ah! Clarisse, vous ne savez pas tout. Oui, j'ai cru que vous aimiez François. Maintenant, comprenez-vous pourquoi j'ai tant souffert?

— Non, répondit Clarisse.

— C'est juste, vous ne pouvez pas le comprendre. Eh bien! c'est que...

Ici sa voix s'affaiblit et devint craintive.

— C'est que je vous aime aussi.

— Vous m'aimez! s'écria Clarisse

avec un son de voix qui disait assez
la joie qu'elle éprouvait.

— Je vous aime, continua Prosper,
qui ne comprit pas ce qu'il y avait
d'heureux pour lui dans l'exclamation
de la jeune fille, je vous aime, et j'ai
assez souffert pour oser vous le dire;
ce sera un adoucissement à mes maux.
Oh! aimer sans espoir, c'est affreux!
Combien de fois je me suis reproché
de vous aimer! J'ai voulu vous oublier,
et chaque jour je m'apercevais que je
pensais encore plus à vous que la
veille. Alors, j'ai cherché à mettre une
barrière entre vous et moi; j'y ai
réussi : demain je quitterai Auberive
pour longtemps, pour toujours peut-
être.

— Prosper, pourquoi ne m'avez-
vous pas dit cela plus tôt?

— C'était inutile. Cependant un jour,
— mais j'étais insensé, — j'ai cru que
vous m'aimiez.

— Vous l'avez cru ! s'écria Clarisse.

— C'était à la fête des vendanges.
J'étais triste, vous êtes venue à moi,

vous m'avez souri, et j'ai cru lire dans vos yeux...

— Que je vous aimais ?

— Oui.

— C'était la vérité.

— Est-ce possible, Clarisse, vous m'aimez ? Ah ! c'est trop de bonheur, quand je dois partir.

— Non, s'écria le jeune fille, non, ne partez pas !

— Il n'est plus temps, soupira-t-il.

Clarisse comprit sa douleur muette.

— Je vous attendrai, dit-elle.

— Merci, Clarisse, merci ; vous me rendez mon courage.

— Vous penserez à moi ? dit la jeune fille.

— Vous ne m'oublierez pas ? dit Prosper.

— Vous m'écrirez quelquefois ?

— Souvent.

Leurs corps se penchèrent sur la haie, leurs têtes se rapprochèrent, et la bouche de Prosper effleura le front de la jeune fille.

— Adieu ! dit Clarisse en jetant sur Prosper un regard humide.

— Adieu ! répondit le jeune homme.

Son adieu était un cri de douleur. La jeune fille s'éloigna en s'enfonçant sous les arbres du jardin.

Prosper rentra à la ferme ; François l'attendait. Les deux cousins causèrent longtemps.

— Frère, tu vas manquer à mon bonheur, avait dit François ; le jour de mon mariage, ma joie ne sera pas complète, parce que tu ne seras pas près de moi pour en prendre ta part.

Prosper n'avait rien répondu. Il n'eut pas non plus la force de briser le cœur de son cousin en lui disant qu'il était aimé de Clarisse. Mais les paroles de François l'avaient douloureusement frappé. Une fois encore il voulut sacrifier l'amour à l'amitié.

— C'est moi qu'elle préfère, se dit-il, mais je ne veux pas me servir des droits qu'elle m'a donnés ; je ne lui écrirai pas. Si elle m'oublie, elle l'épousera, et ils seront heureux ; si au contraire elle m'attend, François se sera marié avec une autre, et, à mon retour, je pourrai l'aimer et être houreux sans trouble.

Telles furent les pensées qui agitèrent Prosper pendant la dernière nuit qu'il passa à Auberive.

IV

Depuis le départ de Prosper, Clarisse ne sortait plus que rarement de la ferme. Pendant un mois, elle avait été triste; elle pleurait souvent. Assise à sa fenêtre, elle regardait le ciel; sa pensée traversait l'espace à la recherche de Prosper. Clarisse n'était plus la jeune fille rieuse et enjouée que nous avons vue danser dans la prairie; l'amour avait développé en elle toutes les facultés de la femme.

Peu à peu, elle se sentit plus calme et put supporter l'absence de celui qu'elle aimait. Tous les matins, lorsque le facteur du village passait, son cœur battait violemment.

— Il m'apporte une lettre de lui, se disait-elle.

Mais le facteur s'éloignait et la lettre attendue n'arrivait point.

François la voyait souvent; il aurait bien voulu l'entretenir de son amour, mais Clarisse trouvait toujours le moyen de parler d'autre chose. Prosper était le sujet ordinaire de leurs conversations. Un autre plus clairvoyant aurait bien vite connu le secret de la jeune fille, mais il l'aimait trop pour s'apercevoir de la persistance avec laquelle Clarisse le ramenait sans cesse à parler de son cousin. Et puis, il lui paraissait si naturel qu'on pensât à Prosper, il était si heureux de pouvoir causer de lui avec Clarisse! Cependant, un jour il pria son père de rappeler au fermier Richard la promesse qu'il lui avait faite.

— Je verrai Richard demain, lui dit Bertrand, et nous arrangerons ce mariage qu'il désire autant que moi.

Depuis quelque temps on parlait vaguement à Aubérive du mariage probable de François avec la fille du fer-

mier ; mais lorsqu'on vit Bertrand avec
sa veste des dimanches et sa casquette
neuve entrer un soir chez Richard, ce
fut une preuve concluante pour tout le
monde, et. une heure après, la visite
du fermier Bertrand au fermier Richard occupait tout le village.

Richard se promenait au jardin avec
Clarisse, lorsqu'on vint l'avertir que
Bertrand l'attendait.

— Je vais revenir, dit-il à sa fille en
la quittant. Je me doute de ce qui
amène Bertrand chez moi, et je ne
veux pas le faire attendre.

— M. Bertrand chez mon père! lui
qui n'y vient jamais : qu'est-ce que
cela signifie ? se dit Clarisse en s'asseyant sur l'herbe au pied d'un arbre.
Il a peut-être reçu des nouvelles de
Prosper, et il vient... Non, ce n'est pas
cela. Ah! mon Dieu ! s'écria-t-elle en
pâlissant, je devine, je comprends,
c'est pour...

Elle n'acheva pas. Ses yeux devin-
rent fixes, et elle laissa tomber sa tête
contre l'arbre. Elle resta ainsi sans
mouvement pendant une demi-heure.

7

La fraîcheur du soir la ranima un peu ; elle parvint à se lever et se mit à marcher sous les arbres sans rien voir, sans rien entendre. Elle s'arrêta au fond du jardin contre la haie d'aubépine. Hélas ! les fleurs s'étaient effeuillées. Prosper était parti.

Elle se mit à pleurer. En ce moment, son père l'appela.

— Déjà ! dit-elle.

Elle rentra à la ferme.

— Petite, mets-toi là, près de moi, dit le fermier en s'asseyant sur un siége de bois. J'ai une bonne nouvelle à t'annoncer, fillette, et à laquelle tu ne t'attends pas. Eh bien ! tu ne dis rien ?

— Je vous écoute, mon père.

— Tu sauras donc que je te marie.

— Me marier ?...

— Nous venons d'arranger ça, Bertrand et moi. Es-tu contente ?

— Mais, mon père.

— C'est bien, tu aimes François, je le sais ; tout est pour le mieux.

— Écoutez-moi.

— Tu veux me remercier, c'est inutile. Si j'accepte François pour gendre, c'est qu'il me convient.

— Mais, mon père, si je ne voulais pas me marier !

— Ta, ta, ta, tu le veux, c'est tout ce qu'il faut.

— Vous vous trompez, mon père.

— Comment, je me trompe ?

— Je ne veux pas encore me marier.

— Et pourquoi, s'il te plaît ?

— Je suis trop jeune.

— Tu auras dix-huit ans vienne la Toussaint.

— Je n'aime pas François, mon père.

— Autre histoire. Depuis quand ne l'aimes-tu pas ?

— Je ne l'ai jamais aimé.

— Je n'en crois rien. Bertrand m'a dit le contraire ; et puis, quand tu ne l'aimerais pas, il te convient, cela suffit.

— Vous ne voulez pas que je sois malheureuse, mon père ?

— Je veux que tu sois la femme de François. Ecoute, ma fille : je me fais vieux, j'ai besoin de repos. François est un jeune homme la-

borieux, il aura un jour de belles et
bonnes terres au soleil. Une fois ton
mari, je le mets à la tête de ma ferme;
elle a besoin de deux bons bras et
d'une jeune intelligence pour la conduire. Quant à moi, je le sens, je ne
suis plus bon à rien ; je suis un vieux
tronc à remplacer. Tu comprends
maintenant tout l'intérêt que j'ai à me
donner François pour gendre.

— Oui, je le comprends, dit Clarisse,
qui craignait d'irriter son père.

Un seul moyen d'éviter ce mariage
se présenta à elle en ce moment : il
fallait obtenir un délai. Pendant ce
temps, elle pourrait peut-être trouver
un autre empêchement. Elle reprit :

— Vous n'êtes plus jeune, mon père,
cela est vrai; mais, Dieu merci, vous
pourrez encore travailler longtemps.
Je n. uis pas disposée à me marier
maintenant; attendez jusqu'aux vendanges : d'ici là, j'aurai pris mon
parti, et je me serai habituée à regarder François comme mon mari. Je
pourrai peut-être l'aimer, ajouta-t-
elle plus bas.

— C'est bien loin, les vendanges, reprit le fermier ; mais enfin, puisque tu le désires, et pour te prouver que je ne veux pas te contrarier, je t'accorde ce délai. Demain, j'en préviendrai Bertrand.

Clarisse se retira dans sa chambre Elle ne pensa ni à François, ni à son mariage. N'avait-elle pas plusieurs mois devant elle ?

A partir de ce jour, au grand désespoir de François, Clarisse évita de se trouver seule avec lui. Elle attendait toujours des nouvelles de Prosper, qui n'écrivait pas. Trois mois se passèrent. L'époque fixée par elle pour son mariage approchait, et elle était moins que jamais disposée à épouser François.

Un matin, son père l'appela et lui dit :

— Clarisse, les vendanges sont faites. J'ai rencontré Bertrand bier : il est aussi impatient que moi. Penses-tu à ta promesse ? A quand le mariage ?

— Mon père, répondit Clarisse

pardonnez-moi, je ne suis pas encore
décidée à me marier. Je vous prie d'attendre au printemps prochain.

— Au printemps prochain! s'écria
le fermier, qu'est-ce que cela veut
dire? C'est trop abuser de notre patience. Tu épouseras François dans
quinze jours.

Le fermier sortit en colère.

Il rentra deux heures après et retrouva sa fille assise où il l'avait laissée. Ses yeux étaient rouges. Il comprit qu'elle avait pleuré.

— Tu m'as prié de retarder ton mariage jusqu'au printemps prochain,
lui dit-il, c'est convenu; mais ce n'est
pas moi qui t'accorde ce nouveau délai, c'est François qui l'a demandé
pour toi.

Clarisse sut gré à François de ce
qu'il avait fait pour elle et le remercia dans son cœur. Elle se remit à espérer.

Mais les jours s'égrenaient et tombaient l'un après l'autre dans le gouffre du passé. Aucune nouvelle de
Prosper n'arrivait à Auberive. On

apprit seulement vers la fin de janvier que son régiment avait été envoyé en Afrique.

— C'est fini, se dit Clarisse, il m'a
oubliée, il ne m'aime plus !

François venait de temps à autre à
la ferme. Un jour, Clarisse le reçut
un peu mieux qu'à l'ordinaire. Cet ac-
cueil, tout nouveau pour lui, l'encou-
ragea à parler de son amour. Clarisse
l'écouta, ce qu'elle n'avait jamais fait.
Dès lors, il vint passer chaque jour
une heure ou deux près d'elle.

François ne déplaisait pas à Clarisse. Elle s'imagina donc qu'elle pourrait l'aimer. Dans cette pensée, elle
vit arriver sans effroi les premiers
jours du printemps.

Clarisse, comme beaucoup de jeunes filles naïves, ignorait les causes
mystérieuses des attractions de l'a-
mour. Elle croyait que la sympathie,
fortifiée de l'estime, devait s'accroître
par un mutuel échange d'affection ;
elle ne soupçonnait pas les mille épreu-
ves de la vie commune, dans lesquelles

se brisent les cœurs qui ne sont pas
assez étroitement unis.

Vers le milieu du mois d'avril, à la
grande satisfaction de son père, Clarisse devint la femme de François.

V

Bertrand, avec l'aide d'un garçon de
ferme intelligent, pouvait encore conduire ses travaux pendant longtemps,
François quitta son père pour se mettre à la tête de la ferme du fermier
Richard, qui lui en céda la direction
avec joie. Sa fille mariée selon ses
vœux, il ne désirait plus qu'un bon
fauteuil au coin du feu, sa bouteille
près de lui et un ou deux marmots à
faire sauter sur ses genoux.

François partageait son temps entre
son travail aux champs et sa femme,
qu'il aimait avec la passion d'un pre-
mier et unique amour.

Clarisse était bonne et prévenante
pour lui. Il ne lui demandait pas autre

chose. C'était là tout le bonheur qu'il
avait rêvé.

Dans les premiers temps qui suivirent son mariage, Clarisse essaya
franchement d'aimer son mari. Elle
chercha à lui donner tout ce qu'il y
avait d'affection libre dans son cœur.

Les soins qu'elle dut apporter dans
l'arrangement du nouveau ménage,
lui donnèrent pendant quelques jours
une activité qui l'absorba complétement. Le souvenir de Prosper se pré-
sentait plus rarement à sa pensée,
elle espéra qu'elle cesserait de l'aimer.
Mais son amour avait été trop grand
et trop bien maître de son cœur pour
ne pas y vivre longtemps.

Insensiblement, un ennui invincible
s'empara d'elle. Souvent elle se surprenait à rêver, et comme si on l'eût
réveillée subitement, elle tressaillait.
Elle aimait à revenir à ses belles années
de jeune fille, alors qu'elle était libre
et heureuse. Malgré l'amour que lui
prodiguait son mari et l'affection dé-
vouée dont il l'entourait, elle ne se
trouva point satisfaite : tout semblait

triste autour d'elle, quelque chose manquait à son cœur.

Elle pensa de nouveau à Prosper, et son amour, un instant comprimé, revint plus vif et plus violent. L'état de son cœur l'effraya. Elle voulut puiser dans l'amour de son mari la force qui lui manquait pour éloigner Prosper de son esprit. Elle chercha à l'entourer des qualités et des charmes extérieurs qu'elle admirait dans son cousin, et elle crut aimer un instant ce fantôme de l'illusion ; mais le rêve dura peu. Alors, découragée, sans force et brisée par la lutte, elle se laissa dominer par son amour et regretta le bonheur qui lui avait échappé. Son visage s'altéra, ses fraîches couleurs disparurent, ses joues se creusèrent : tristes effets des tortures de l'âme.

François s'alarma sérieusement du changement de sa femme, il employa tout ce que put lui suggérer son affection sans bornes pour chasser cette tristesse.

A chaque question qu'il lui adressait sur sa santé, Clarisse répondait invariablement :

— Je ne souffre pas.

Souvent François insistait.

— Pourquoi es-tu si triste? lui disait-il.

— Je n'en sais rien, répondait-elle.

Et c'était tout. Plus d'une fois il la surprit, essuyant furtivement une larme.

— Pourquoi pleures-tu? lui demanda-t-il un jour.

— Je ne pleure pas, répondit Clarisse.

Après cette réponse, il n'osa plus l'interroger.

— Elle a un secret pour moi, se dit-il.

Pour le découvrir, il chercha l'impossible. Il alla jusqu'à se demander s'il était aimé. Mais la conduite de Clarisse n'ayant pas changé à son égard, il aima mieux croire que douter.

VI

Un soir, on était au mois de juillet,
l'air était imprégné du parfum des
fleurs, les blés ondulaient dans la
plaine et la cigale chantait dans les
hautes herbes. Un jeune homme por-
tant l'uniforme de sous-officier suivait
le chemin de grande communication
qui conduit à Auberive. C'était Prosper.

De temps à autre il s'arrêtait pour
essuyer la sueur qui ruisselait sur
son front.

Son œil interrogeait les lieux et les
objets ; en les reconnaissant, il leur
souriait comme à des amis que l'on
revoit, comme on sourit à de gracieux
souvenirs.

Tout à coup, il s'arrêta ; sa main
s'appuya sur son cœur pour en
comprimer les battements. Il venait
d'apercevoir le clocher et les toits des
premières maisons d'Auberive. Mais
les deux habitations principales fixèrent seules son attention : la ferme

de son oncle Bertrand et la maison du
fermier Richard. Au bout de quelques
minutes, il continua à marcher, mais
à travers champs, pour ne pas être
rencontré par quelqu'un du village. »

Prosper ne savait rien de ce qui s'é-
tait passé à Auberive depuis sept ans
qu'il était absent. Il espérait retrouver Clarisse libre et l'attendant comme
elle le lui avait promis. La pensée
qu'elle avait pu épouser François lui
vint cependant. mais il la repoussa
comme impossible.

Bientôt il se trouva derrière la maison du fermier Richard. Il marchait
derrière la haie du jardin, cherchant à
se rappeler les dernières paroles de la
jeune fille :

— Oui, c'est bien cela, se dit-il, j'étais
sur le point de m'en aller lorsque je
l'aperçus, qui s'avançait lentement
sous les arbres. Elle était...

Au même instant, illusion ou réalité,
il la vit distinctement. Comme la première fois, elle se dirigeait de son côté;
comme la première fois aussi, elle
était triste et rêveuse. Il crut d'abord

que son imagination, frappée par le
souvenir, abusait ses yeux. Mais c'était
bien Clarisse. Il entendait le frôlement
de sa robe sur l'herbe. Elle vint s'asseoir sur un banc de pierre, qui avait
été placé sous un pommier depuis son
départ, et il se souvint qu'à cette même
place Clarisse lui avait dit adieu. Ses
membres tremblèrent comme les feuilles d'automne prêtes à tomber, sa res-
piration fut un moment arrêtée et une
sensation étrange lui serra les flancs.
Il vit à quelques pas de lui une trouée
dans la haie, il s'y élança, et avant
que Clarisse ait eu le temps de le reconnaître, il était à ses genoux.

Pendant ce temps, un troisième per-
sonnage se glissait près d'eux dans un
massif de noisetiers : c'était François.
De loin il avait cru reconnaître Prosper ; il s'était dirigé vers lui et il
allait lui adresser la parole, lorsque
le militaire entra dans le jardin. En
le voyant tomber aux genoux de sa
femme, sa surprise fut telle que toutes ses facultés l'abandonnèrent un
instant.

— Prosper ! s'écria Clarisse avec effroi, vous ici ?...

— Je suis libre, Clarisse, et je reviens pour vous aimer.

— Pour m'aimer ! Oh ! ne dites pas cela !

— Pourquoi, Clarisse ? pourquoi ? Ne vous l'ai-je pas promis ?

— Il y a sept ans.

— Oui. Mais, comme il y a sept ans, je vous aime, Clarisse, nous nous aimons.

Prosper avait pris une des mains de la jeune femme et il la couvrait de baisers. Clarisse la retira vivement.

— Prosper, laissez-moi ! s'écria-t-elle. Relevez-vous ; si quelqu'un vous voyait !...

— Je voudrais que le monde entier fût présent pour lui dire que je vous aime.

— Mais vous ne savez donc rien ?

— Quoi ?

— Je... je suis mariée, répondit Clarisse d'une voix étouffée.

— Mariée ! s'écria Prosper en se levant brusquement. Mariée !...

Clarisse laissa tomber sa tête sur son sein. Pauvre fleur flétrie !

— Vous êtes la femme de François, continua Prosper, lorsqu'il fut revenu de sa stupeur ; il était digne de vous et il vous aimait, Clarisse. Je comprends que vous m'ayez oublié. Rendez-le heureux ; donnez-lui tout le bonheur que j'avais espéré et qui n'était pas pour moi.

Clarisse ne répondit que par un soupir étouffé.

— Je n'ai pas le droit de me plaindre de vous, Clarisse, continua Prosper. C'est ma faute si je me suis trompé en croyant que vous aviez gardé le souvenir de vos paroles. Oui, c'est ma faute ; je ne vous ai pas écrit, vous avez dû croire que je ne vous aimais plus, et...

Sa voix se perdit dans un sanglot. Après quelques minutes de silence, il reprit :

— Je vais de nouveau quitter Auberive, Clarisse, mais cette fois c'est pour toujours. Mon retour n'est connu que de vous, car personne ne m'a vu.

N'en dites rien, cela pourrait surpren-
dre François, et son bonheur doit être
pur. Adieu, Clarisse, ajouta-t-il, adieu !
Pensez quelquefois à l'exilé.

Clarisse fit un mouvement comme
pour le retenir. Elle aurait pu lui dire,
car elle le pensait.

« Prosper, ne pars pas, reste près
de moi, je t'aime ! » Mais elle ne pro-
nonça pas un mot. Elle retomba affais-
sée sur le banc, et les larmes qu'elle
retenait depuis longtemps coulèrent
en abondance.

François, du lieu où il s'était caché,
avait tout entendu ; il venait enfin de
découvrir le secret de la tristesse et
des pleurs fréquents de sa femme;
découverte affreuse, qui lui enlevait
pour toujours sa tranquillité.

Évidemment, Prosper aimait Clarisse depuis longtemps, son humeur
sombre, à une époque déjà reculée,
venait de là. S'il avait quitté volon-
tairement Auberive, c'était donc pour
lui abandonner Clarisse. Il se rappela
quelques conversations dans lesquelles Prosper, faisant abnégation de

8

lui-même, lui parlait de Clarisse en
l'encourageant à l'aimer. Tous ces petits incidents qu'il n'avait jamais re-
marqués, il se les expliquait maintenant. Sa première pensée, en voyant
Prosper s'éloigner dans les champs,
fut de courir après lui et de le forcer à
revenir. Mais que lui aurait-il dit?
Quels moyens pouvait-il employer
pour le retenir? Aucun. Il le laissa
donc partir. Clarisse était rentrée à la
ferme, il sortit du jardin et se mit à
marcher sans but dans la campagne.
Il fit plusieurs comparaisons entre lui
et son cousin, et l'avantage resta toujours à Prosper, à Prosper qui s'était
sacrifié tant de fois pour lui. Il est
vrai qu'alors il ignorait son amour
pour Clarisse; mais, aujourd'hui, qu'il
savait tout, devait-il accepter le dé-
vouement de son cousin? Clarisse et
Prosper s'aimaient et tous deux souf-
fraient par lui. Il avait fait le malheur de ces deux êtres qu'il chérissait
et pour lesquels il aurait voulu
mourir.

— Non, s'écria-t-il, je ne pourrai

jamais supporter la pensée que Prosper vivra malheureux, loin d'Auberive, à cause de moi. Et Clarisse ?
lorsque je la verrai pleurer, le regret-
ter, penser à lui... Prosper, mon rival,
lui, que j'appelais mon frère! Oh! il
faut bien que ce soit lui, pour que je
lui pardonne de l'aimer, pour ne pas
la maudire. Cependant, elle est ma
femme, continua-t-il, j'ai des droits à
son amour! Et c'est lui qu'elle aime!

Il sentait la jalousie lui déchirer les
entrailles, et il courait comme un insensé à travers champs.

Puis, revenant à des pensées plus
conformes à son caractère, il s'accusait
lui-même.

— Pourquoi n'ai-je pas deviné qu'ils
s'aimaient ? C'est moi qui ai forcé Clarisse à se marier. Je me suis jeté au
milieu de leur bonheur, je les ai sépa-
rés! Ah! malheureux! j'ai brisé leur
avenir!

Lorsque Prosper l'eut quitté, Clarisse, comme nous l'avons dit plus
haut, rentra à la ferme. Elle avait été
sur le point de se trahir, et elle s'ap-

plaudissait du courage qu'elle venait de montrer en laissant partir Prosper, sans lui avoir laissé deviner qu'elle ne l'avait point oublié et qu'elle l'aimait toujours. Mais sa force n'était que factice; si Prosper fût resté quelques instants de plus avec elle, peut-être n'eût-elle pas été maîtresse de son cœur. Pour se rendre forte contre son amour, elle résolut de tout avouer à son mari, de se jeter dans ses bras en lui disant : « Sauve-moi, protége-moi contre moi-même. Je veux t'aimer, t'aimer uniquement. »

Elle attendit François dans cette intention; mais, contre son habitude, le jeune homme ne rentra pas dans la soirée.

Il était une heure du matin lorsqu'elle se coucha. Elle ne put s'endormir, et, au petit jour, elle entendit François qui donnait différents ordres à ses domestiques déjà tous levés.

Elle se leva aussi, s'habilla et descendit dans la cour. François n'y était plus. Elle ne le revit que dans la journée à l'heure du dîner, mais il lui parut souffrant, fatigué et préoccupé ; elle n'eut plus le courage de lui faire l'aveu préparé la veille:

Un mois se passa. François était tout à son travail; il lui demandait des distractions qu'il ne trouvait pas. Il devenait rêveur et taciturne ; de sombres pensées semblaient s'être emparées de lui. Toujours bon et affectueux pour sa femme, il n'avait cependant plus les mêmes élans de cœur, les mêmes transports d'amour. Un matin, c'était dans les premiers jours de septembre. François se leva et embrassa Clarisse avec une tendresse qu'elle ne lui connaissait plus. La veille déjà il avait eu un retour de gaieté, mais une gaieté étrange, dont elle ne s'était pas bien rendu compte : son rire avait été amer et contraint.

François prit un fusil en disant qu'il allait chasser, et il partit. Lorsqu'il se trouva seul dans la campagne, sa figure s'assombrit. Tout en marchant d'un pas inégal, il jeta un regard sur son passé. Trois figures passèrent devant lui : son

père, Clarisse et Prosper; ces trois
êtres avaient rempli sa vie. Il se retra-
ça sa jeunesse heureuse avec Prosper,
jusqu'à l'époque où il aima Clarisse;
les premiers jours de bonheur goûtés
près d'elle, ses angoisses, ses tour-
ments en la voyant triste et malade,
jusqu'au jour où il découvrit enfin le
fatal secret de son amour pour Prosper.

Il marchait depuis deux heures sans
s'être aperçu du chemin qu'il avait
fait. Il se trouvait dans la prairie; il
reconnut l'endroit où, plusieurs années auparavant, Prosper et lui
avaient rencontré, un dimanche soir,
les jeunes filles d'Auberive. C'est là
que Clarisse lui avait donné son pre-
mier baiser. Il s'arrêta, ce lieu plein
de souvenirs lui plaisait.

— Allons, se dit-il, ici ou plus loin,
il le faut; la vie sans le bonheur n'est
rien. Ma mort au moins sera utile,
elle délivrera Clarisse. Au lieu d'être
trois à traîner une existence malheureuse, ils seront deux heureux.

Il chargea son fusil d'une demi-dou-

zaine de chevrotines et jeta un regard
rapide autour de lui. La campagne
était déserte ; une corneille perchée
sur un saule, devant lui, faisait entendre
un criaillement funèbre. Il appuya son
front sur le canon du fusil, et de son
pied, il pressa la détente ; le coup partit et il tomba à la renverse, la tête
horriblement fracassée. Dans la soirée, deux paysans trouvèrent le ca-
davre et reconnurent François.

La mort du jeune homme fut natu-
rellement attribuée à un de ces terri-
bles accidents qui arrivent trop fréquemment dans les chasses. Cependant
Prosper avait rejoint son régiment.
Un jour, on vint lui dire que son capitaine le demandait. Il se rendit près
de lui.

— Le colonel, lui dit l'officier, vient
de me faire remettre ces papiers ; une
lettre du maire d'Auberive d'abord,
qui contient une fâcheuse nouvelle
pour vous.

— O mon Dieu ! s'écria Prosper,
quelle nouvelle ? Qu'est-il arrivé ?

— Cette lettre à votre adresse vous

l'apprendra, dit le capitaine en tendant un papier à Prosper.

Voici ce qu'il contenait.

« Mon cher Prosper,

« Je t'écris ces deux mots d'une main tremblante, pour t'apprendre le malheur affreux qui nous est arrivé. Ton cousin, mon pauvre François, s'est tué par un accident étant à la chasse. Je suis bien malheureux, mon cher Prosper ; maintenant il ne me reste plus que toi, tu es le dernier espoir de ma vieillesse. Je m'affaiblis tous les jours, et bientôt, je le sens, j'irai rejoindre mon pauvre fils. Mais je mourrai content si tu es près de moi pour me fermer les yeux. M. le maire d'Auberive écrit à ton colonel et le prie de pourvoir à ton remplacement.

« » Aussitôt la présente reçue, reviens vite à Auberive, je t'attends.

« Ton oncle, BERTRAND. »

Deux jours après, Prosper arrivait à Auberive.

Un an s'écoula. Prosper avait vu Clarisse plusieurs fois, mais ils ne s'étaient pas dit une parole rappelant le passé.

Un jour, le fermier Richard vint trouver le père Bertrand.

— Je viens vous faire une proposition, lui dit-il.

— Laquelle? demanda Bertrand.

— Nous devenons vieux, mon cher Bertrand; depuis la mort de François, vous êtes souvent malade et ma ferme va de mal en pis. Mais il y aurait un bon remède à tout cela.

— Voyons !

— Ce serait de réunir votre ferme à la mienne et de n'en faire qu'une seule.

— Et Clarisse ? demanda Bertrand.

— Nous y voilà. Il faudrait que Prosper voulût la prendre pour femme.

— Oui, vous avez raison.

Prosper rentrait en ce moment. Bertrand lui fit part de la proposition du fermier Richard.

— Clarisse, répondit Prosper, a trop aimé mon cousin, sa mort est encore si récente que je ne saurais consentir à l'épouser, et je suis sûr qu'elle pense comme moi.

— Vous vous trompez, dit Richard, je lui en ai parlé, et elle m'a fait comprendre que ce mariage ne lui déplaisait pas.

— Serait-il vrai? s'écria Prosper.

— Je ne serais pas venu vous trouver sans cela, répondit Richard.

Prosper laissa les deux fermiers et courut trouver Clarisse.

— Je viens de voir votre père, lui dit-il. Est-il vrai que vous consentiez à vous marier avec moi?

— Oui, répondit-elle.

— Au moins, dites-moi que vous agissez librement.

— Pouvez-vous en douter, Prosper? Ne vous ai-je pas toujours aimé?

Un mois plus tard, les deux fermes étaient réunies sous la direction de Prosper. Clarisse et lui étaient mariés.

FIN

TABLE

www.ingramcontent.com/pod-product-compliance
Lightning Source LLC
Chambersburg PA
CBHW060205100426
42744CB00007B/1177